Duden

Kurz geübt & schnell kapiert

Matheheft
6. Klasse

Dudenverlag
Berlin

Lernplan von _____

	Seite	**Teilbarkeit**	bearbeiten am	☹ 😐 🙂	↩ ✔
1	4	Teilbarkeitsregeln		🙂	
	6	Teilermenge und ggT		🙂	
	8	Vielfachmenge und kgV		🙂	
2	Seite	**Rechnen mit Brüchen**	bearbeiten am	☹ 😐 🙂	↩ ✔
	10	Darstellung von Brüchen		🙂	
	12	Bruchteile berechnen		🙂	
	14	Brüche am Zahlenstrahl		🙂	
	16	Erweitern		🙂	
	18	Kürzen		🙂	
	20	Vergleichen und ordnen		🙂	
	22	Addieren		🙂	
	24	Subtrahieren		🙂	
	26	Multiplizieren und dividieren		🙂	
	28	Bruch als Quotient		🙂	

Teilbarkeitsregeln

Für einige Zahlen gibt es Teilbarkeitsregeln.
Endstellenregeln: Eine natürliche Zahl ist durch
- 2 teilbar, wenn ihre letzte Ziffer durch **2** teilbar ist oder wenn sie auf **0** endet.
- 4 teilbar, wenn die aus den letzten beiden Ziffern gebildete Zahl durch **4** teilbar ist oder sie auf **00** endet.
- 5 teilbar, wenn ihre letzte Ziffer **0** oder **5** ist.
- 8 teilbar, wenn die durch ihre letzten drei Ziffern gebildete Zahl durch **8** teilbar ist oder wenn sie auf **000** endet.
- 10 teilbar, wenn die letzte Ziffer **0** ist.
- 25 teilbar, wenn die letzten beiden Ziffern **00**, **25**, **50** oder **75** sind.

1 Unterstreiche die Zahlen, die ...

a) durch 2 teilbar sind: 456   783   980   1 766   2 877   12 434   435 769

b) durch 4 teilbar sind: 856   540   789   2 384   5 330   76 500   782 960

c) durch 5 teilbar sind: 565   980   117   6 555   9 880   77 435   120 113

d) durch 8 teilbar sind: 416   764   488   9 680   7 000   11 695   468 064

e) durch 10 teilbar sind: 765   820   700   5 449   9 692   34 230   659 436 | 5 |

2 Setze das richtige Zeichen (| für teilt oder ∤ für teilt nicht) ein.

4 | 184   5 ∤ 456   5 ___ 25   10 ___ 234

2 ___ 277   8 ___ 1 336   4 ___ 45 987   100 ___ 6 700

25 ___ 348 775   2 ___ 655 444   10 ___ 321 100 | 2 |

3 Ergänze die fehlende Ziffer so, dass sich eine teilbare Zahl ergibt.

4 | 3 51 ___   2 | 76 61 ___   8 | 55 24 ___   5 | 98 32 _____ | 4 |

1

> **Quersummenregeln:**
> Eine natürliche Zahl ist durch
> • 3 teilbar, wenn ihre Quersumme durch **3** teilbar ist.
> • 9 teilbar, wenn ihre Quersumme durch **9** teilbar ist.
>
> Die Quersumme einer Zahl erhältst du, wenn du die Ziffern der Zahl
> addierst; z. B. ist die Quersumme der Zahl 357: $3 + 5 + 7 = 15$

4 **Bilde die Quersumme.**

723: _____   6 125: _____   8 890: _____   2 789: _____   ☐ 1

5 **Unterstreiche die Zahlen, die ...**

a) durch 3 teilbar sind: 67   551   432   9 834   12 892   65 383

b) durch 9 teilbar sind: 46   756   945   6 894   11 286   55 673   ☐ 2

6 **Setze das richtige Zeichen (| oder ∤) ein.**

3 ___ 2 446   9 ___ 4 248   3 ___ 4 248   9 ___ 2 445   ☐ 1

7 **Finde vier vierstellige Zahlen, die jeweils durch 3 und 9 teilbar sind.**

_____ _____ _____ _____   ☐ 1

8 **Verbinde die Zahl in der Mitte mit ihren Teilern.**

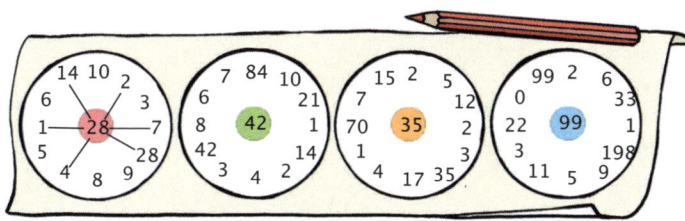

☐ 3   5

Teilermenge und ggT

Die **Teilermenge** einer Zahl findest du, indem du die Zahl in alle möglichen **Produkte** zerlegst, z. B. die Zahl 210:

$$1 \cdot 210 \qquad 5 \cdot 42 \qquad 10 \cdot 21$$
$$2 \cdot 105 \qquad 6 \cdot 35 \qquad 14 \cdot 15$$
$$3 \cdot 70 \qquad 7 \cdot 30$$

und die gefundenen Zahlen der Reihe nach aufschreibst:
$$T_{210} = \{1, 2, 3, 5, 6, 7, 10, 14, 15, 21, 30, 35, 42, 70, 105, 210\}$$

1 **Zerlege in Produkte und notiere die Teiler.**

Zahl	36	64	42
Produkte	$1 \cdot 36, 2 \cdot 18, 3 \cdot$ ___ ___ $\cdot$ ___ , ___ $\cdot$ ___		
Teiler	$1, 2, 3,$ ___ , ___ , ___ ___ , ___ , ___		

2 **Ergänze die Teilermenge.**

$T_{24} = \{1, 2,$ ___ , ___ , ___ , ___ , ___ , ___ $\}$

$T_{40} = \{1, 2,$ ___ , ___ , ___ , ___ , ___ , ___ $\}$

3 **Notiere alle Teiler, die die Zahlen 24 und 40 gemeinsam haben.**

___ , ___ , ___ , ___

4 **Nenne den größten gemeinsamen Teiler (ggT) der beiden Zahlen.**

ggT (24; 40) = ___

★ **5** **Notiere zwei 6-stellige Zahlen, die durch 2, 3 und 5 teilbar sind.**

a) _____ b) _____

6 **Berechne die Teilermengen und ermittle den ggT.**

a) $T_{66} = \{\underline{\quad}, \underline{\quad}, \underline{\quad}, \underline{\quad}, \underline{\quad}, \underline{\quad}, \underline{\quad}, \underline{\quad}\}$

$T_{88} = \{\underline{\quad}, \underline{\quad}, \underline{\quad}, \underline{\quad}, \underline{\quad}, \underline{\quad}, \underline{\quad}, \underline{\quad}\}$

$\text{ggT}(66; 88) = \underline{\quad}$ ⊡ 3

b) $T_{72} = \{\underline{\quad}, \underline{\quad}, \underline{\quad}, \underline{\quad}, \underline{\quad}, \underline{\quad}, \underline{\quad}, \underline{\quad}, \underline{\quad}, \underline{\quad}, \underline{\quad}, \underline{\quad}\}$

$T_{108} = \{\underline{\quad}, \underline{\quad}, \underline{\quad}, \underline{\quad}, \underline{\quad}, \underline{\quad}, \underline{\quad}, \underline{\quad}, \underline{\quad}, \underline{\quad}, \underline{\quad}, \underline{\quad}\}$

$\text{ggT}(72; 108) = \underline{\quad}$ ⊡ 3

c) $T_{30} = \{\underline{\quad}, \underline{\quad}, \underline{\quad}, \underline{\quad}, \underline{\quad}, \underline{\quad}, \underline{\quad}, \underline{\quad}\}$

$T_{75} = \{\underline{\quad}, \underline{\quad}, \underline{\quad}, \underline{\quad}, \underline{\quad}, \underline{\quad}\}$

$T_{135} = \{\underline{\quad}, \underline{\quad}, \underline{\quad}, \underline{\quad}, \underline{\quad}, \underline{\quad}, \underline{\quad}, \underline{\quad}\}$

$\text{ggT}(30; 75; 135) = \underline{\quad}$ ⊡ 4

★ **7** **Eine 5,40 m lange und 4,20 m breite Terrasse soll mit möglichst großen quadratischen Platten belegt werden.**

a) Wie groß ist die Seitenlänge einer Platte? _____

b) Wie viele Platten werden benötigt?

Rechnung: _____

Antwort: _____

c) Eine Platte kostet 15 €. Wie hoch ist der Preis für die Terrasse?

Rechnung: _____

Antwort: _____   ⊡ 5

7

Vielfachmenge und kgV

1 Bestimme die ersten fünf Vielfachen.

a) von 5: _____, _____, _____, _____, _____

b) von 13: _____, _____, _____, _____, _____

c) von 17: _____, _____, _____, _____, _____ `3`

2 Bestimme alle zweistelligen Vielfachen.

a) von 30: _____   b) von 25: _____

c) von 26: _____   d) von 35: _____ `4`

3 Bestimme die Vielfachmenge. Gib die ersten sechs Vielfachen an.

a) V_{14} = { _____, _____, _____, _____, _____, _____, ... }

b) V_{11} = { _____, _____, _____, _____, _____, _____, ... }

c) V_{40} = { _____, _____, _____, _____, _____, _____, ... }

d) V_{23} = { _____, _____, _____, _____, _____, _____, ... } `4`

★ **4** Um welche Vielfachmenge handelt es sich?

a) $V_{\_\_\_}$ = { ... 30, 35, 40, ... } $V_{\_\_\_}$ = { ... 77, 84, 91, ... }

b) $V_{\_\_\_}$ = { ... 80, 96, 112, ... } $V_{\_\_\_}$ = { ...125, 150, 175, ... } `4`

5 Rechne nach.

a) Ist 1 586 ein Vielfaches von 13? _____

b) Ist 24 617 ein Vielfaches von 12? _____ `2`

1

Die **Vielfachen** zweier oder mehrerer Zahlen stehen miteinander in Verbindung.

Vielfache von 3: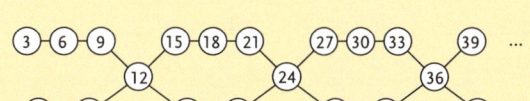

Vielfache von 4:

Das **kleinste gemeinsame Vielfache (kgV)** von 3 und 4 ist 12, kurz kgV(3; 4) = 12

6 **Suche das kgV mit Vielfachreihen.**

Vielfache von 8:

Vielfache von 12:

kgV(8; 12) = _____

Vielfache von 15: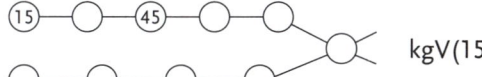

Vielfache von 18:

kgV(15; 18) = _____ | 4 |

7 **Fülle die Tabellen aus.**

kgV	6	15	9	7
2	6	30		
5				
30				

kgV	20	8	16
14			
12	60		
25			

| 6 |

★ **8** **Wie lautet das kgV der Zahlen?**

a) 3; 5 und 6   kgV = _____

b) 2; 7 und 3   kgV = _____ | 2 |

9

Darstellung von Brüchen

1 Eine Tafel Schokolade wird in 15 gleiche Stücke aufgeteilt. Marina erhält
4 Stücke und Tom 6 Stücke. Gib für beide den Bruchteil an.

Marina: _____   Tom: _____

2

2 Gib an, welcher Bruchteil jeweils gefärbt ist.

a) 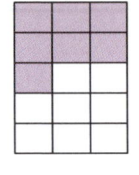   b) 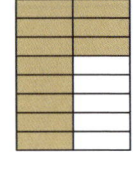   c) 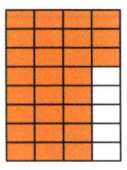   d)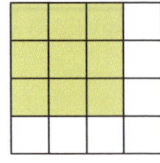

$\dfrac{7}{15}$ $\dfrac{}{16}$ _____   _____

e) 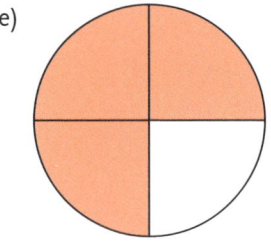   f) 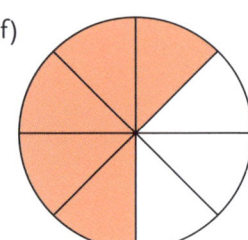   g)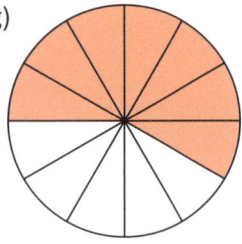

_____   _____   _____

h) 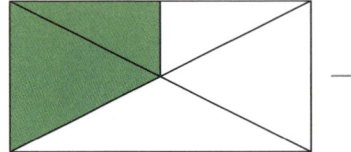 _____   i) 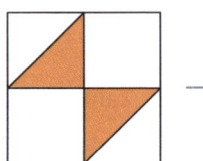 _____

j) 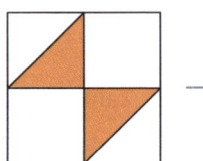 _____

10

3 **Färbe den als Bruchzahl angegebenen Anteil.**

a) $\frac{5}{6}$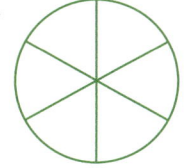

b) $\frac{3}{8}$

c) $\frac{7}{12}$

d) $\frac{1}{3}$

e) $\frac{5}{8}$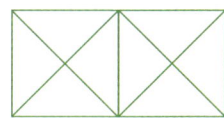

f) $\frac{2}{3}$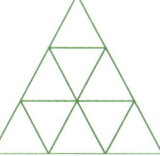

g) $2\frac{1}{4}$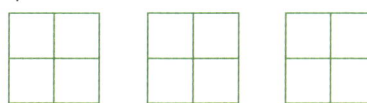

h) $\frac{4}{5}$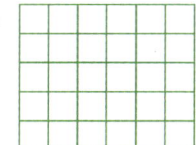

i) $\frac{1}{2}$

6

4 **Zwei Tafeln Schokolade sollen gerecht an drei Kinder verteilt werden.**

a) In wie viele gleiche Teile muss jede Tafel geteilt werden?

_____

b) Veranschauliche in der Skizze.

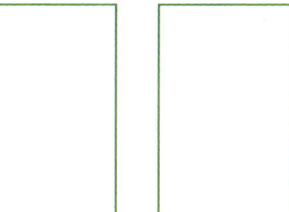

c) Welchen Anteil bekommt jedes Kind?

_____ 3

11

Bruchteile berechnen

1 Familie K. kauft einen Kasten mit 12 Flaschen Coca Cola. Nach einer Woche sind $\frac{2}{3}$ der Flaschen getrunken. Wie viele Flaschen sind das?

Der Nenner gibt an, in wie viele gleiche Teile die 12 Flaschen aufgeteilt wurden: *12 : 3 = 4 Flaschen*

Der Zähler gibt an, wie viele dieser gleichen Teile getrunken wurden: *2 · 4 = 8 Flaschen*

Pfeilbild:

12 $\xrightarrow{\;:\;3\;}$ *4* $\xrightarrow{\;\cdot\;2\;}$ *8*

Wie viele Flaschen sind es, wenn $\frac{3}{4}$ der Flaschen getrunken werden? Zeichne ein Pfeilbild und formuliere die Antwort.

Pfeilbild:

Antwort: _____ 　2

2 Julias Klassenfahrt kostet 210 €. $\frac{2}{7}$ davon bezahlt sie von ihrem gesparten Geld. Wie viel Euro sind das?

Rechnung: _____

Antwort: _____ 　2

3 Berechne.

a) $\frac{7}{8}$ von 32 Gläsern = _____   b) $\frac{5}{6}$ von 48 €　　= _____

c) $\frac{3}{4}$ von 16 Litern　= _____   d) $\frac{8}{13}$ von 78 Heften = _____

e) $\frac{5}{7}$ von 56 Eiern　= _____   f) $\frac{9}{10}$ von 40 Lehrern = _____ 　6

4 Herr Meier bestellt $\frac{3}{4}$ kg Fleisch beim Metzger. Wie viel Gramm sind das?

Hinweis: Berechne $\frac{3}{4}$ von 1 000 g.

Rechnung: _____ | 1 |

5 Berechne, gib in Gramm an.

$\frac{3}{8}$ kg = _____ $\frac{4}{5}$ kg = _____

$\frac{7}{10}$ kg = _____ $\frac{12}{25}$ kg = _____ | 4 |

6 Berechne, gib in Zentimetern an.

$\frac{3}{4}$ m = _____ $\frac{2}{5}$ m = _____

$\frac{3}{10}$ m = _____ $\frac{1}{2}$ m = _____ | 4 |

7 Laura macht mit Freunden eine Wanderung. Nach 15 km haben sie $\frac{3}{4}$ der Gesamtstrecke zurückgelegt. Wie viel Kilometer müssen sie noch laufen?

a) $\frac{3}{4}$ des Wegs sind: _____ m $\frac{1}{4}$ des Wegs sind: _____ m

b) Wie viel Kilometer sind das insgesamt? _____ km

Antwort: _____ | 2 |

13

Brüche am Zahlenstrahl

1 Zwei gleich große Pizzen sollen verteilt werden. Eine Pizza wird in
8 gleiche Teile, die andere in 4 gleiche Teile geteilt. Paula erhält von der einen
Pizza 2 Stücke (das sind $\frac{2}{8}$ der Pizza), Leonie erhält von der anderen 1 Stück
(das ist $\frac{1}{4}$ der Pizza). Färbe ein und vergleiche.

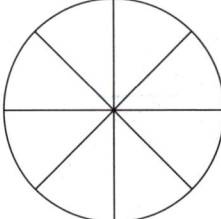 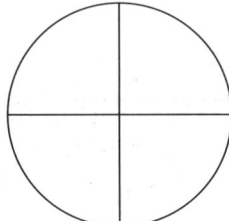

| | 2 |

★ **2** Schreibe an die Pfeile am Zahlenstrahl einen passenden Bruch.

3 Lies an den oberen Zahlenstrahlen ab, welche Brüche den gleichen Wert
haben.

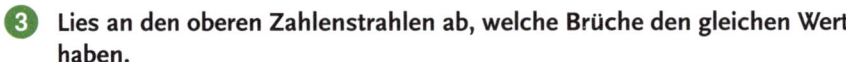

| | 3 |

$\frac{4}{12} = \frac{2}{6} = \frac{1}{3}$ $\frac{4}{6} =$ _____

$\frac{6}{12} =$ _____ $\frac{10}{12} =$ _____

$\frac{12}{12} =$ _____ $\frac{14}{12} =$ _____

| | 5 |

14

4 **Schreibe die folgenden Brüche an den Zahlenstrahl.**

$\frac{1}{4}$, $\frac{1}{3}$, $\frac{3}{4}$, $\frac{2}{6}$, $\frac{1}{2}$, $\frac{7}{6}$, $1\frac{1}{2}$, $1\frac{3}{4}$, $\frac{24}{12}$, $2\frac{3}{6}$

$\boxed{10}$

2

5 **Trage die folgenden Brüche an den Zahlenstrahlen ein.**
Trage gleichwertige Brüche untereinander ein.

a) $\frac{1}{5}$, $\frac{1}{10}$, $\frac{1}{2}$, $\frac{5}{10}$, $\frac{2}{10}$, $\frac{9}{10}$, $\frac{2}{5}$, $\frac{3}{5}$

$\boxed{4}$

b) $\frac{1}{6}$, $\frac{1}{4}$, $\frac{1}{2}$, $\frac{5}{12}$, $\frac{2}{4}$, $\frac{9}{12}$, $\frac{13}{12}$, $\frac{5}{6}$, $\frac{2}{3}$, $\frac{3}{4}$

$\boxed{4}$

6 **Schreibe jeweils 4 Beispiele.**

a) Echter Bruch: Nenner > Zähler _____

b) Unechter Bruch: Nenner < Zähler _____

c) Gemischte Zahl: Natürliche Zahl und echter Bruch

_____ $\boxed{3}$

15

Erweitern

1 Ergänze Zähler und Nenner.

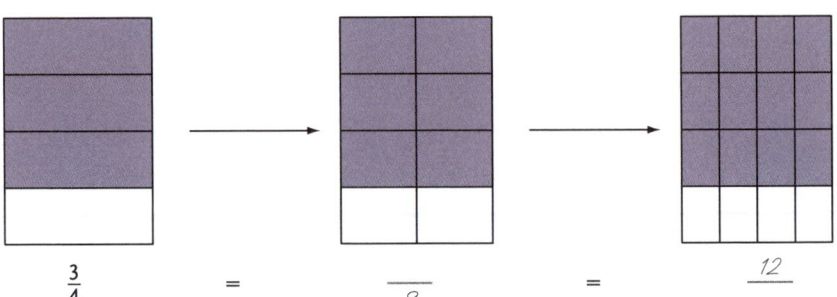

$$\frac{3}{4} \qquad = \qquad \frac{}{8} \qquad = \qquad \frac{12}{}$$

2

2 Ergänze Zähler und Nenner und stelle die Brüche in den Rechtecken dar.

$$\frac{2}{5} \qquad = \qquad \frac{}{10} \qquad = \qquad \frac{8}{}$$

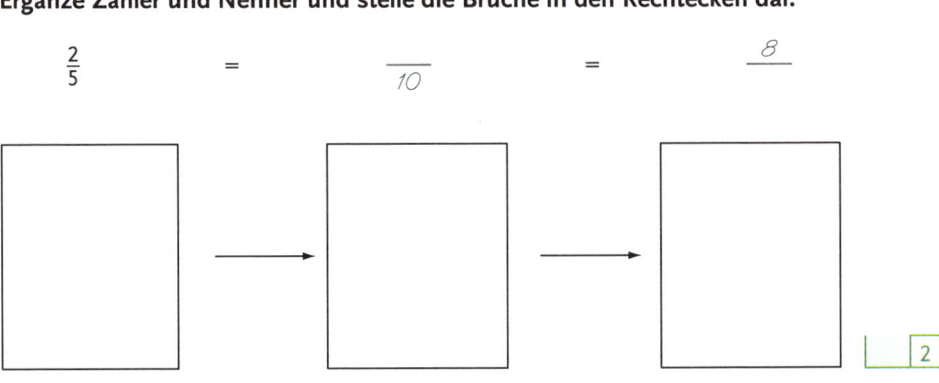

2

Beim **Erweitern** von Brüchen werden Zähler und Nenner mit der gleichen Zahl multipliziert. Der Wert des Bruches ändert sich dadurch **nicht**.

3 Erweitere die Brüche.

a) Mit dem Faktor 2: $\frac{6}{7} =$ _____ $\frac{3}{8} =$ _____ $\frac{4}{5} =$ _____ $\frac{17}{23} =$ _____

b) Mit dem Faktor 10: $\frac{7}{8} =$ _____ $\frac{1}{2} =$ _____ $\frac{3}{4} =$ _____ $\frac{12}{13} =$ _____

c) Mit dem Faktor 7: $\frac{6}{7} =$ _____ $\frac{7}{8} =$ _____ $\frac{11}{13} =$ _____ $2\frac{3}{4} =$ _____

3

4 Erweitere die Brüche auf den Zähler 24.

$\frac{6}{9} = $ ——— $\frac{8}{12} = $ ——— $\frac{12}{25} = $ ——— $\frac{3}{7} = $ ——— ☐ 4

5 Erweitere die Brüche auf den Nenner 36.

$\frac{7}{12} = $ ——— $\frac{14}{9} = $ ——— $\frac{25}{6} = $ ——— $\frac{7}{4} = $ ——— ☐ 4

2

6 Erweitere auf den gegebenen Zähler oder Nenner. Gib auch den Faktor an, mit dem du erweitert hast.

$\frac{7}{30} = \frac{}{90}$ Faktor: ___ $\frac{4}{15} = \frac{16}{}$ Faktor: ___ $\frac{9}{4} = \frac{45}{}$ Faktor: ___

$\frac{7}{36} = \frac{}{144}$ Faktor: ___ $\frac{9}{15} = \frac{144}{}$ Faktor: ___ $\frac{13}{14} = \frac{117}{}$ Faktor: ___ ☐ 6

★ **7** Welche Erweiterungsaufgabe ist dargestellt? Ergänze!

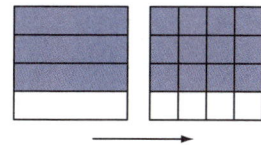  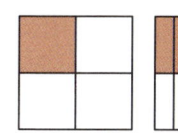

$\frac{3}{4} = $ ———   ——— = ———   ——— = ——— ☐ 5

8 Erweitere die beiden Brüche so, dass sie den gleichen Nenner haben.

$\frac{2}{3}$ und $\frac{3}{4} \to$ ——— und ——— $\frac{5}{6}$ und $\frac{3}{5} \to$ ——— und ——— ☐ 2

  28–22 Punkte  23–15 Punkte   14–0 Punkte  Gesamtpunktzahl

Kürzen

1 Ergänze Zähler und Nenner.

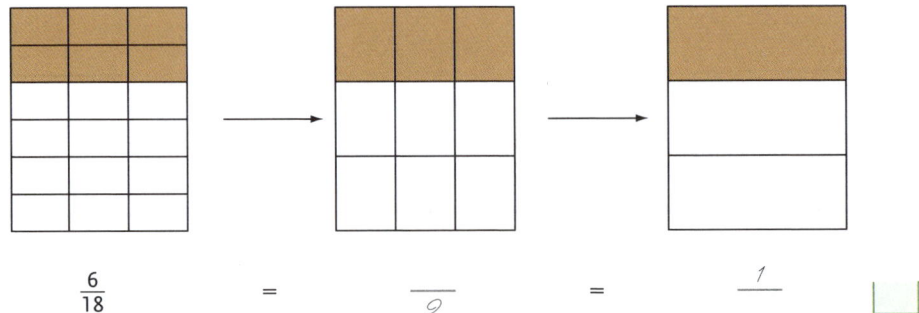

$$\frac{6}{18} \qquad = \qquad \frac{}{9} \qquad = \qquad \frac{1}{}$$

2

2 Ergänze Zähler und Nenner und stelle die Aufgabe zum Kürzen in den Rechtecken dar.

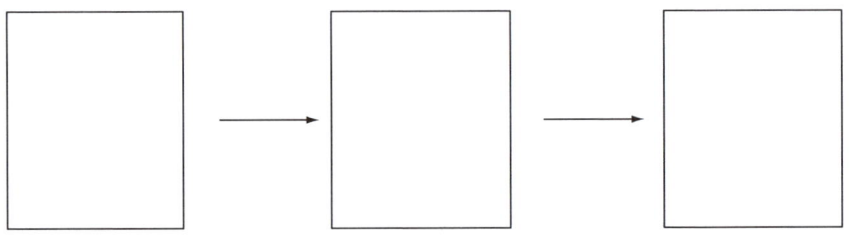

$$\frac{12}{16} \qquad = \qquad \frac{}{8} \qquad = \qquad \frac{3}{}$$

5

> Beim **Kürzen** eines Bruches dividiert man Zähler und Nenner durch die gleiche Zahl. Der Wert des Bruches ändert sich dadurch **nicht**.

3 Kürze die Brüche.

a) Mit 2: $\dfrac{6}{8} =$ —— $\dfrac{4}{12} =$ —— $\dfrac{26}{6} =$ —— $\dfrac{18}{14} =$ —— $\dfrac{102}{150} =$ ——

b) Mit 3: $\dfrac{6}{9} =$ —— $\dfrac{9}{12} =$ —— $\dfrac{27}{6} =$ —— $\dfrac{18}{12} =$ —— $2\dfrac{12}{21} = 2$ ——

c) Mit 5: $\dfrac{15}{20} =$ —— $\dfrac{5}{10} =$ —— $\dfrac{50}{100} =$ —— $\dfrac{35}{40} =$ —— $5\dfrac{10}{15} = 5$ ——

3

4 Kürze die Brüche mit 7.

$\dfrac{7}{28} = $ ——— $\dfrac{14}{21} = $ ——— $\dfrac{56}{63} = $ ——— $\dfrac{119}{133} = $ ——— $\dfrac{777}{2100} = $ ——— ☐ 5

5 Kürze die Brüche mit 3.

$\dfrac{33}{45} = $ ——— $\dfrac{15}{30} = $ ——— $\dfrac{39}{42} = $ ——— $\dfrac{120}{333} = $ ——— $\dfrac{27}{36} = $ ——— ☐ 5

6 Ergänze Zähler und Nenner bei den gekürzten Brüchen.

$\dfrac{16}{24} = \dfrac{}{3}$ $\dfrac{48}{36} = \dfrac{4}{}$ $\dfrac{56}{64} = \dfrac{}{8}$ $\dfrac{15}{35} = \dfrac{3}{}$ $\dfrac{110}{120} = \dfrac{11}{}$ ☐ 5

7 Kürze die folgenden Brüche so weit wie möglich.

$\dfrac{16}{24} = $ ——— $\dfrac{18}{27} = $ ——— $\dfrac{12}{36} = $ ——— $\dfrac{18}{48} = $ ——— $1\dfrac{25}{50} = 1$ ———

$\dfrac{38}{95} = $ ——— $\dfrac{81}{27} = $ ——— $\dfrac{144}{96} = $ ——— $\dfrac{143}{242} = $ ——— $3\dfrac{60}{180} = 3$ ——— ☐ 10

★ **8** Gib an, welche Aufgabe zum Kürzen jeweils dargestellt ist!

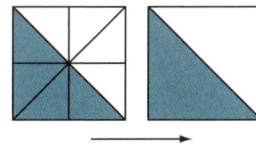

——— = ———

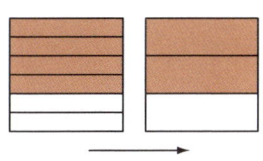

——— = ———

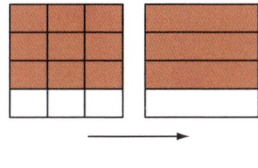

——— = ———

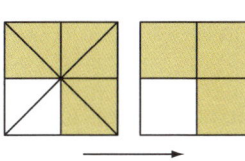

——— = ———

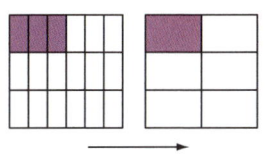

——— = ——— ☐ 5

2

 ☐   40 – 30 Punkte  29 – 20 Punkte  19 – 0 Punkte ☐ Gesamt-punktzahl

Vergleichen und ordnen

1 Zum Abendessen gibt es Salamipizza und Spinatpizza. Von der Salamipizza bleiben $\frac{3}{8}$, von der Spinatpizza $\frac{5}{8}$ übrig.
Von welcher Pizza bleibt weniger übrig?

Begründe: _____

_____ | 2 |

2 Größer oder kleiner? Setze das passende Zeichen ein: > oder <.

$\frac{3}{4} \square \frac{2}{4}$ $\frac{1}{6} \square \frac{4}{6}$ $\frac{7}{12} \square \frac{9}{12}$ $4\frac{6}{7} \square 4\frac{4}{7}$ $7\frac{3}{11} \square 8\frac{2}{11}$ | 5 |

3 Ordne der Größe nach, beginne mit der kleinsten Zahl.
Verwende das Zeichen <.

a) $\frac{8}{9}, \frac{5}{9}, \frac{2}{9}, \frac{12}{9}, \frac{9}{9}, 1\frac{1}{9}$ _____

b) $8\frac{3}{11}; 8\frac{1}{11}; 8\frac{7}{11}; 8\frac{5}{11}; 8\frac{10}{11}; 8\frac{8}{11}$ _____ | 2 |

4 Von einer Kirschtorte bleiben $\frac{4}{12}$ übrig, von der Schokoladentorte $\frac{4}{8}$.
Von welcher Torte bleibt weniger übrig?

Begründe: _____

_____ | 1 |

★ **5** Kleiner oder größer? Setze das passende Zeichen ein: < oder >.

$\frac{5}{9} \square \frac{5}{8}$ $\frac{7}{10} \square \frac{7}{5}$ $\frac{12}{13} \square \frac{12}{17}$ $1\frac{3}{4} \square 1\frac{3}{5}$ $2\frac{8}{11} \square 3\frac{8}{10}$ | 5 |

6 Schreibe a) drei Brüche mit gleichem Nenner und
b) drei Brüche mit gleichem Zähler.

a) _____   b)_____ | 2 |

Brüche mit unterschiedlichen Zählern und Nennern können verglichen werden, indem du sie **gleichnamig** machst, das heißt beide auf den gleichen Nenner bringst. Der kleinste gemeinsame Nenner heißt **Hauptnenner**, er ist das kgV der Zahlen im Nenner.

7 Mia spart immer $\frac{5}{10}$ ihres Taschengelds, Felix spart $\frac{2}{5}$. Wer spart mehr?
Erweitere zuerst auf den Hauptnenner, vergleiche dann.

_____ ☐ 2

2

8 Erweitere die Brüche auf einen gemeinsamen Nenner, er soll so klein wie möglich sein. Setze dann die Zeichen < oder > ein.

a) $\frac{4}{5}; \frac{2}{3} \rightarrow \frac{12}{15} > \frac{10}{15}$ 　　　$\frac{5}{12}; \frac{3}{8} \rightarrow$ _____ 　　　$\frac{5}{4}; \frac{7}{9} \rightarrow$ _____

b) $\frac{9}{30}; \frac{12}{15} \rightarrow$ _____ 　　　$\frac{3}{4}; \frac{5}{6} \rightarrow$ _____ 　　　$\frac{5}{6}; \frac{7}{10} \rightarrow$ _____ ☐ 5

9 Bringe zuerst die Brüche auf den gleichen Hauptnenner! Ordne dann der Größe nach, beginne mit der kleinsten Zahl.

a) $\frac{5}{6}; \frac{3}{4}; \frac{7}{8}$ 　　$\frac{5}{6} = \frac{20}{24}$ 　$\frac{3}{4} = \frac{}{24}$ 　$\frac{7}{8} = \frac{}{}$ 　_____

b) $\frac{2}{3}; \frac{4}{15}; \frac{11}{30}$ 　　_____

c) $2\frac{2}{3}; 2\frac{3}{5}; 2\frac{3}{10}$ 　　_____ ☐ 3

10 Bestimme das kgV.

kgV(8; 12) = _____ 　　　　kgV(21; 14) = _____ ☐ 2

21

Addieren

1 Zum Geburtstag gibt es eine Buttercremetorte. Anja isst $\frac{5}{12}$ von der Torte (rot), Paul $\frac{3}{12}$ (blau) und Seynep $\frac{2}{12}$ (grün). Wie viel haben alle drei zusammen gegessen?

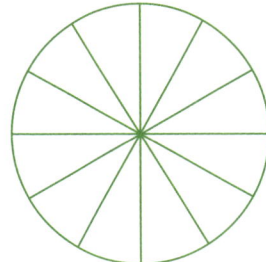

a) Färbe die Stücke in den angegebenen Farben.

b) Schreibe als Rechenaufgabe: _____

c) Nenne das Ergebnis: _____ | 3 |

2 Formuliere die Regel zur Addition gleichnamiger Brüche stichwortartig.

_____ | 1 |

3 Berechne die Summen. Kürze so weit wie möglich und wandle gegebenenfalls in eine gemischte Zahl um. Rechne auf einem gesonderten Blatt.

$\frac{2}{3} + \frac{2}{3} =$ _____ $\frac{3}{8} + \frac{1}{8} =$ _____ $\frac{3}{10} + \frac{9}{10} =$ _____ $\frac{11}{9} + \frac{7}{9} =$ _____ | 4 |

4 Rechne vorteilhaft im Kopf. Kürze das Ergebnis.

$\frac{13}{70} + \frac{1}{70} + \frac{4}{70} + \frac{17}{70} =$ ____ $=$ _____ $\frac{19}{90} + \frac{13}{90} + \frac{17}{90} + \frac{11}{90} =$ ____ $=$ _____ | 2 |

★ **5** Bilde die Summe aus $\frac{2}{3}$, $\frac{7}{3}$, $\frac{1}{3}$ und $\frac{4}{3}$. Wie viel fehlt zum nächsten Ganzen? Rechne im Kopf und formuliere einen Antwortsatz.

_____ | 1 |

6 Emma verdünnt $\frac{1}{2}$ Liter Saft mit $\frac{3}{4}$ Liter Wasser.
Wie viel Liter Getränk ergibt das?

Anna rechnet: $\frac{1}{2} + \frac{3}{4} = \frac{4}{6} = \frac{2}{3}$ Luisa rechnet: $\frac{1}{2} + \frac{3}{4} = \frac{2}{4} + \frac{3}{4} = \frac{5}{4} = 1\frac{1}{4}$

Wer hat richtig gerechnet? _____

Begründe: _____ ⌐ 2 ⌐

2

7 **Formuliere in Stichpunkten die Regel zur Addition von ungleichnamigen Brüchen.**

_____

_____

_____ ⌐ 1 ⌐

8 **Bilde gleichnamige Brüche und rechne.**
Wandle in eine gemischte Zahl um.

a) $\frac{2}{3} + \frac{3}{4} =$ _____ $\frac{3}{4} + \frac{2}{5} =$ _____ ⌐ 3 ⌐

b) Addiere in der Tabelle und gib den Wert der Summe gekürzt und,
wenn möglich, als gemischte Zahl an.

+	$\frac{1}{2}$	$\frac{1}{3}$	$\frac{1}{4}$	$\frac{1}{6}$	$2\frac{3}{4}$
$\frac{1}{5}$					
$\frac{3}{4}$					
$\frac{5}{8}$					
$\frac{7}{4}$					

⌐ 5 ⌐

23

Subtrahieren

1 Ergänze die Lücken.

$$\frac{4}{7} - \frac{2}{7} = \frac{\ \ }{7} \qquad \frac{4}{5} - \frac{3}{5} = \frac{\ \ }{5} \qquad \frac{12}{9} - \frac{5}{9} = \frac{\ \ }{\ \ } \qquad 2\frac{1}{2} - \frac{1}{2} = \underline{\ \ \ \ } \qquad 3\frac{5}{6} - \frac{1}{6} = \underline{\ \ \ \ }$$

2 Formuliere stichwortartig die Regel für die Subtraktion gleichnamiger Brüche.

_____

3 Haben die Brüche verschiedene Nenner, wird zunächst auf den Hauptnenner erweitert. Ergänze!

$$\frac{7}{8} - \frac{3}{4} = \frac{7}{8} - \frac{\ \ }{8} = \frac{\ \ }{\ \ } \qquad\qquad 4\frac{4}{5} - 2\frac{1}{4} = 4\frac{\ \ }{20} - 2\frac{\ \ }{20} = \underline{\ \ \ \ \ \ }$$

4 Formuliere die Regel für die Subtraktion ungleichnamiger Brüche.

_____

_____

5 Subtrahiere im Kopf der Reihe nach und kürze immer gleich die Zwischenergebnisse.

$$\frac{27}{16} - \frac{13}{16} - \frac{1}{8} - \frac{1}{4} = \underline{\ \ \ \ } \qquad \frac{33}{18} - \frac{7}{18} - \frac{7}{9} - \frac{1}{3} = \underline{\ \ \ \ } \qquad \frac{25}{21} - \frac{13}{21} - \frac{2}{7} = \underline{\ \ \ \ }$$

6 Subtrahiere wie im Beispiel.

$$3 - \frac{2}{3} = 2\frac{3}{3} - \frac{2}{3} = 2\frac{1}{3} \qquad\qquad 8 - \frac{2}{5} = \underline{\ \ \ \ \ \ \ }$$

$$10 - \frac{3}{4} = \underline{\ \ \ \ \ \ \ } \qquad\qquad 9 - \frac{11}{15} = \underline{\ \ \ \ \ \ \ }$$

$$12 - \frac{6}{13} = \underline{\ \ \ \ \ \ \ } \qquad\qquad 23 - \frac{15}{17} = \underline{\ \ \ \ \ \ \ }$$

7 **Subtrahiere wie im Beispiel. Kürze, wenn möglich.**

$5\frac{8}{11} - 2\frac{10}{11} = 4\frac{11+8}{11} - 2\frac{10}{11} = 2\frac{9}{11}$ $12\frac{5}{8} - 3\frac{7}{8} =$ _____

$7\frac{18}{23} - 4\frac{22}{23} =$ _____ $2\frac{4}{15} - 1\frac{8}{15} =$ _____ | 3 |

8 **Subtrahiere, mache die Brüche zuerst gleichnamig.**

$5\frac{1}{4} - 3\frac{1}{2} =$ _____ $7\frac{3}{5} - 4\frac{5}{6} =$ _____ $8\frac{1}{7} - \frac{1}{2} =$ _____ | 3 |

9 **Toms Vater streicht den Gartenzaun. Von insgesamt $15\frac{3}{4}$ m hat er heute $7\frac{7}{8}$ m geschafft. Wie viele Meter Zaun bleiben ihm für morgen?**

Rechnung: _____

Antwort: _____ | 2 |

★ **10** **Herr Süß kocht Marmelade aus $1\frac{1}{2}$ kg Johannisbeeren, $1\frac{1}{4}$ kg Rhabarber, $\frac{3}{8}$ kg Erdbeeren und $1\frac{3}{4}$ kg Zucker. Durch das Kochen verdampft $\frac{1}{2}$ kg Wasser. Wie viel Kilogramm wiegt die fertige Marmelade?**

Rechnung: _____

_____

_____

Antwort: _____

_____

_____

| 2 |

2

 28 – 22 **Punkte**

 21 – 15 **Punkte**

 14 – 0 **Punkte**

 Gesamt-punktzahl

Multiplizieren und dividieren

Brüche **multiplizierst** du, indem du die beiden Zähler und die beiden Nenner miteinander multiplizierst. **Gemischte Zahlen** müssen vorher in einen unechten Bruch umgewandelt werden.

1 Marion isst $\frac{3}{2}$ Brötchen zum Frühstück, Sven hat das 3-Fache an Brötchen geschafft. Wie viele Brötchen hat Sven gegessen? Wandle das Ergebnis in eine gemischte Zahl um.

Rechnung: $\frac{3}{2} \cdot 3 = \frac{3 \cdot 3}{2 \cdot 1} = $ _____

Antwort: _____ | 3 |

2 Berechne die Produkte. Kürze, wenn möglich, das Ergebnis und wandle in eine gemischte Zahl um.

a) $\frac{6}{7} \cdot 4 = $ _____ $\frac{10}{13} \cdot 6 = $ _____ $\frac{1}{3} \cdot 3 = $ _____

b) $\frac{2}{3} \cdot \frac{2}{3} = \frac{2 \cdot 2}{3 \cdot 3} = $ _____ $\frac{5}{7} \cdot \frac{1}{4} = \frac{5 \cdot 1}{7 \cdot 4} = $ _____ $\frac{10}{17} \cdot \frac{3}{2} = $ _____ | 6 |

3 Schreibe auf einen Bruchstrich und kürze, bevor du multiplizierst.

$\frac{13}{9} \cdot \frac{18}{7} = \frac{13 \cdot \overset{2}{\cancel{18}}}{\underset{1}{\cancel{9}} \cdot 7} = 3\frac{5}{7}$ $2\frac{7}{10} \cdot \frac{20}{21} = $ _____

$\frac{36}{45} \cdot \frac{60}{81} = $ _____ $\frac{56}{75} \cdot \frac{105}{84} = $ _____ | 3 |

4 Multipliziere im Kopf und kürze, wenn möglich. Gemischte Zahlen musst du vorher in einen unechten Bruch umwandeln.

$\frac{3}{4} \cdot \frac{2}{3} = $ _____ $\frac{7}{5} \cdot \frac{5}{3} = $ _____ $\frac{3}{16} \cdot \frac{8}{9} = $ _____ $\frac{15}{4} \cdot \frac{8}{3} = $ _____

$\frac{7}{16} \cdot 24 = $ _____ $8 \cdot \frac{5}{6} = $ _____ $\frac{7}{5} \cdot 3\frac{3}{4} \cdot \frac{8}{7} = $ _____ | 7 |

Brüche **dividierst** du, indem du mit dem **Kehrwert** des Divisors (das ist der Bruch rechts vom Divisionszeichen) **multiplizierst**.

5 Zwei Freundinnen teilen sich $\frac{3}{4}$ Liter Coca Cola. Wie viel bekommt jede?

Rechnung: $\frac{3}{4} : 2 = \frac{3}{4} : \frac{2}{1} = \frac{3}{4} \cdot \frac{1}{2} =$ _____

Antwort: _____ | 2 |

2

6 Berechne auf einem gesonderten Blatt. Kürze eventuell schon vor dem Ausrechnen, wandle das Ergebnis in eine gemischte Zahl um.

a) $\frac{12}{5} : 9 =$ _____ $\frac{14}{15} : 21 =$ _____ $\frac{5}{8} : 6 =$ _____ $\frac{2}{3} : 10 =$ _____

b) $\frac{5}{24} : \frac{15}{12} =$ _____ $\frac{13}{20} \cdot \frac{39}{40}$ _____ $\frac{6}{5} \cdot \frac{5}{7} =$ _____ $\frac{3}{8} \cdot \frac{3}{8} =$ _____ | 8 |

7 Hier musst du die gemischten Zahlen zuerst in einen unechten Bruch umwandeln.

$2\frac{3}{4} : \frac{3}{8} =$ _____ $4\frac{4}{5} : 1\frac{1}{2} =$ _____ $3\frac{7}{8} : 2\frac{5}{6} =$ _____ | 3 |

★ **8** Schreibe die Ergebnisse jeweils in die leeren Felder.

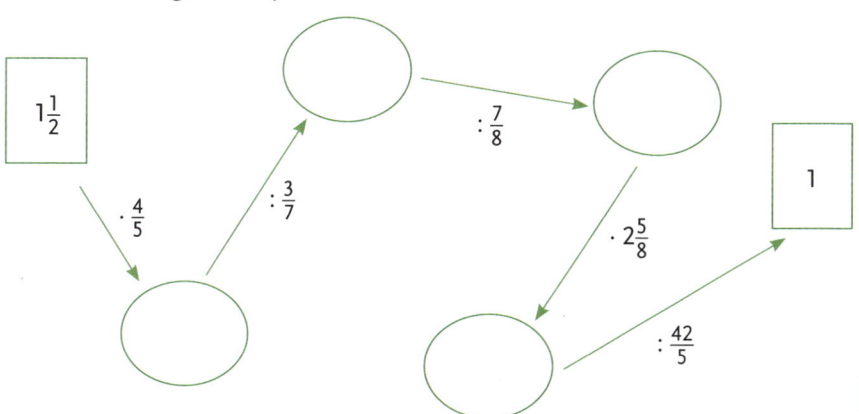

| 5 | **27**

Bruch als Quotient

Jeden **Quotienten** zweier natürlicher Zahlen kannst du auch als **Bruch** schreiben.
Beispiel: $3 : 4 = \frac{3}{4}$ und $\frac{5}{6} = 5 : 6$

1 3 Obstkuchen werden an 4 Personen verteilt.

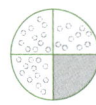 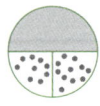 

a) Welchen Anteil bekommt jeder? _____

b) Rechnung: _____ | 1 |

2 3 Tafeln Schokolade sollen an 5 Freunde verteilt werden.

a) Welchen Anteil bekommt jeder? _____

b) Rechnung: _____ | 2 |

3 Schreibe die Quotienten als Bruch. Kürze und gib, wenn möglich, das Ergebnis als natürliche Zahl oder als gemischte Zahl an.

a) $6 : 7 =$ _____ $10 : 5 =$ _____ $5 : 1 =$ _____

b) $4 : 2 =$ _____ $3 : 12 =$ _____ $8 : 24 =$ _____

c) $4 : (2 \cdot 7) = \frac{4}{2 \cdot 7} = \frac{2}{7}$ $6 : (3 \cdot 8) =$ _____ $(5 \cdot 6) : 12 =$ _____ | 3 |

★ **4** Schreibe den Quotienten als Bruch. Gib das Ergebnis in der nächstkleineren Maßeinheit an.

$4 \text{ m} : 5 = \frac{4}{5} m = 80 \text{ cm}$ $3 \text{ kg} : 4 =$ _____ $2 \text{ cm} : 20 =$ _____

$4 \text{ km} : 8 =$ _____ $1 \text{ kg} : 5 =$ _____ $7 \text{ m}^2 : 10 =$ _____ | 5 |

Lösungen

★ Aufgaben mit höherem Schwierigkeitsgrad

1 Teilbarkeit

Seite 4–5

1
a) 456; 980; 1 766; 12 434
b) 856; 540; 2 384; 76 500; 782 960
c) 565; 980; 6 555; 9 880; 77 435
d) 416; 488; 9 680; 7 000; 468 064
e) 820; 700; 34 230

2 5|25; 10∤234; 2∤277; 8|1 336; 4∤45 987
100|6 700; 25|348 775; 2|655 444;
10|321 100

3 *mögliche Lösungen:* 4|3 516; 2|76 612;
8|55 240; 5|98 325

4 12; 14; 25; 26

5 a) 432; 9 834   b) 756; 945; 6 894; 11 286

6 3∤2 446; 9|4 248; 3|4 248; 9∤2 445

7 *mögliche Lösungen:* 8 496; 5 067; 1 431;
5 571

8

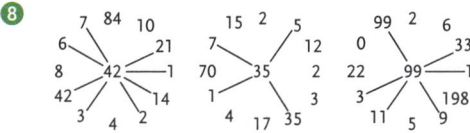

Seite 6–7

1

Zahl	36	64	42
Produkte	1 · 36, 2 · 18, 3 · 12, 4 · 9, 6 · 6	1 · 64, 2 · 32, 4 · 16, 8 · 8	1 · 42, 2 · 21, 3 · 14, 6 · 7
Teiler	1, 2, 3, 4, 6, 9, 12, 18, 36	1, 2, 4, 8, 16, 32, 64	1, 2, 3, 6, 7, 14, 21, 42

2 $T_{24} = \{1, 2, 3, 4, 6, 8, 12, 24\}$
$T_{40} = \{1, 2, 4, 5, 8, 10, 20, 40\}$

3 1; 2; 4; 8

4 $ggT(24; 40) = 8$

5 ★ a) 317 520   b) 214 230

6
a) $T_{66} = \{1, 2, 3, 6, 11, 22, 33, 66\}$
$T_{88} = \{1, 2, 4, 8, 11, 22, 44, 88\}$
$ggT(66; 88) = 22$

b) $T_{72} = \{1, 2, 3, 4, 6, 8, 9, 12, 18, 24, 36, 72\}$
$T_{108} = \{1, 2, 3, 4, 6, 9, 12, 18, 27, 36, 54, 108\}$
$ggT(72; 108) = 36$

c) $T_{30} = \{1, 2, 3, 5, 6, 10, 15, 30\}$
$T_{75} = \{1, 3, 5, 15, 25, 75\}$
$T_{135} = \{1, 3, 5, 9, 15, 27, 45, 135\}$
$ggT(30; 75; 135) = 15$

7 ★ a) Der ggT von 540 und 420 ist 60.
Seitenlänge einer Platte: 60 cm

b) Es werden 63 Platten benötigt.

c) Sie kostet 945 €.

Seite 8–9

1
a) 5, 10, 15, 20, 25   b) 13, 26, 39, 52, 65
c) 17, 34, 51, 68, 85

2
a) 30, 60, 90   b) 25, 50, 75   c) 26, 52, 78
d) 35, 70

3
a) $V_{14} = \{14, 28, 42, 56, 70, 84, ...\}$
b) $V_{11} = \{11, 22, 33, 44, 55, 66, ...\}$
c) $V_{40} = \{40, 80, 120, 160, 200, 240, ...\}$
d) $V_{23} = \{23, 46, 69, 92, 115, 138, ...\}$

4 ★ a) V_5 V_7 b) V_{16} V_{25}

5 a) ja   b) nein

6 Vielfache von 8 :

Vielfache von 12 :

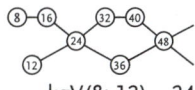

$kgV(8; 12) = 24$

Vielfache von 15 :

Vielfache von 18 :

$kgV(15; 18) = 90$

7

kgV	6	15	9	7	kgV	20	8	16
2	6	30	18	14	14	140	56	112
5	30	15	45	35	12	60	24	48
30	30	30	90	210	25	100	200	400

8 ★ a) kgV = 30   b) kgV = 42

2 Rechnen mit Brüchen

Seite 10–11

1 Marina: $\frac{4}{15}$ Tom: $\frac{6}{15}$

2 b) $\frac{11}{16}$ c) $\frac{27}{32}$ d) $\frac{9}{16}$ e) $\frac{3}{4}$ f) $\frac{5}{8}$ g) $\frac{7}{12}$
h) $\frac{3}{8}$ i) $\frac{2}{8}$ j) $\frac{11}{14}$

3

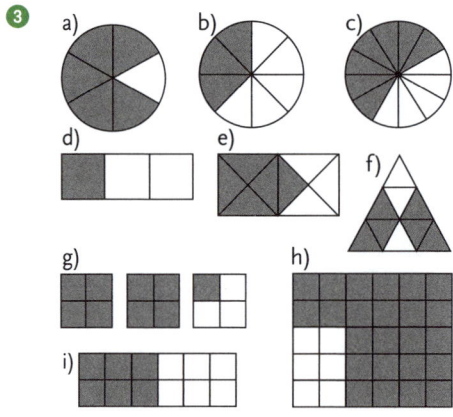

4 a) in 3 Teile   b)
c) $\frac{2}{3}$ einer Tafel

Seite 12–13

1 Es wurden 9 Flaschen getrunken.

2 Sie bezahlt 60 €.

3 a) 28 Gläser   b) 40 €   c) 12 Liter
d) 48 Hefte   e) 40 Eier   f) 36 Lehrer

4 750 g

5 375 g   800 g   700 g   480 g

6 75 cm   40 cm   30 cm   50 cm

7 a) 15 000 m   5 000 m

b) 20 km

Seite 14–15

1

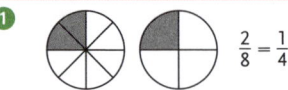

$\frac{2}{8} = \frac{1}{4}$

2 ★ $\frac{1}{12}, \frac{2}{12}, \frac{4}{12}, \frac{6}{12}, \frac{10}{12}, \frac{12}{12}, \frac{14}{12}$
$\frac{2}{6}, \frac{3}{6}, \frac{4}{6}, \frac{5}{6}, \frac{6}{6}, \frac{7}{6}$
$\frac{1}{3}, \frac{2}{3}, \frac{3}{3}$

3 $\frac{6}{12} = \frac{3}{6};$ $\frac{4}{6} = \frac{2}{3};$ $\frac{10}{12} = \frac{5}{6};$
$\frac{12}{12} = \frac{6}{6} = \frac{3}{3};$ $\frac{14}{12} = \frac{7}{6}$

4

5 a)

b)

6 a) Mögliche Lösung: $\frac{5}{8}; \frac{12}{13}; \frac{9}{11}; \frac{3}{4}$

b) Mögliche Lösung: $\frac{13}{7}; \frac{16}{9}; \frac{25}{24}; \frac{4}{3}$

c) Mögliche Lösung: $2\frac{1}{2}; 5\frac{7}{8}; 10\frac{11}{12}; 11\frac{1}{2}$

Seite 16–17

1 $\frac{3}{4} = \frac{6}{8} = \frac{12}{16}$

2 $\frac{2}{5} = \frac{4}{10} = \frac{8}{20}$

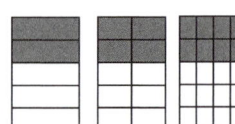

3 a) $\frac{12}{14}; \frac{6}{16}; \frac{8}{10}; \frac{34}{46}$
b) $\frac{70}{80}; \frac{10}{20}; \frac{30}{40}; \frac{120}{130}$
c) $\frac{42}{49}; \frac{49}{56}; \frac{77}{91}; 2\frac{21}{28}$

4 $\frac{24}{36}, \frac{24}{36}, \frac{24}{50}, \frac{24}{56}$

5 $\frac{21}{36}, \frac{56}{36}, \frac{150}{36}, \frac{63}{36}$

6 $\frac{21}{90}$, F: 3; $\frac{16}{60}$, F: 4; $\frac{45}{20}$, F: 5;

$\frac{28}{144}$, F: 4; $\frac{144}{240}$, F: 16; $\frac{117}{126}$, F: 9

7 ★ $\frac{3}{4} = \frac{12}{16}, \frac{2}{4} = \frac{4}{8}, \frac{1}{4} = \frac{3}{12}$

8 $\frac{8}{12}$ und $\frac{9}{12}$; $\frac{25}{30}$ und $\frac{18}{30}$

Seite 18–19

1 $\frac{6}{18} = \frac{3}{9} = \frac{1}{3}$

2 $\frac{12}{16} = \frac{6}{8} = \frac{3}{4}$

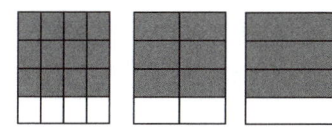

3 a) $\frac{3}{4}, \frac{2}{6}, \frac{13}{3}, \frac{9}{7}, \frac{51}{75}$ b) $\frac{2}{3}, \frac{3}{4}, \frac{9}{2}, \frac{6}{4}, 2\frac{4}{7}$

c) $\frac{3}{4}, \frac{1}{2}, \frac{10}{20}, \frac{7}{8}, 5\frac{2}{3}$

4 $\frac{1}{4}, \frac{2}{3}, \frac{8}{9}, \frac{17}{19}, \frac{111}{300}$

5 $\frac{11}{15}, \frac{5}{10}, \frac{13}{14}, \frac{40}{111}, \frac{9}{12}$

6 $\frac{2}{3}, \frac{4}{3}, \frac{7}{8}, \frac{3}{7}, \frac{11}{12}$

7 $\frac{2}{3}, \frac{2}{3}, \frac{1}{3}, \frac{3}{8}, 1\frac{1}{2}, \frac{2}{5}, \frac{3}{1}, \frac{3}{2}, \frac{13}{22}, 3\frac{1}{3}$

8 ★ $\frac{4}{8} = \frac{1}{2}, \frac{4}{6} = \frac{2}{3}, \frac{9}{12} = \frac{3}{4}$;

$\frac{6}{8} = \frac{3}{4}, \frac{3}{18} = \frac{1}{6}$

Seite 20–21

1 Von der Salamipizza bleibt weniger übrig. Beide Pizzen sind in 8 gleiche Teile geteilt. 5 Stücke sind mehr als 3.

2 >; <; <; >; <

3 a) $\frac{2}{9} < \frac{5}{9} < \frac{8}{9} < \frac{9}{9} < 1\frac{1}{9} < \frac{12}{9}$

b) $8\frac{1}{11} < 8\frac{3}{11} < 8\frac{5}{11} < 8\frac{7}{11} < 8\frac{8}{11} < 8\frac{10}{11}$

4 Von der Kirschtorte bleibt weniger übrig. Bei gleichem Zähler ist der Bruch mit dem kleineren Nenner größer.

5 ★ <; <; >; >; <

6 a) z. B. $\frac{3}{7}, \frac{9}{7}, \frac{20}{7}$ b) z. B. $\frac{8}{12}, \frac{8}{15}, \frac{8}{19}$

7 $\frac{5}{10} > \frac{4}{10}$ Mia spart mehr.

8 a) $\frac{10}{24} > \frac{9}{24}$; $\frac{45}{36} > \frac{28}{36}$

b) $\frac{9}{30} < \frac{24}{30}$; $\frac{9}{12} < \frac{10}{12}$; $\frac{25}{30} > \frac{21}{30}$

9 a) $\frac{18}{24} < \frac{20}{24} < \frac{21}{24}$; $\frac{3}{4} < \frac{5}{6} < \frac{7}{8}$

b) $\frac{8}{30} < \frac{11}{30} < \frac{20}{30}$; $\frac{4}{15} < \frac{11}{30} < \frac{2}{3}$

c) $2\frac{9}{30} < 2\frac{18}{30} < 2\frac{20}{30}$; $2\frac{3}{10} < 2\frac{3}{5} < 2\frac{2}{3}$

10 kgV(8; 12) = 24   kgV(21; 14) = 42

Seite 22–23

1 b) $\frac{5}{12} + \frac{3}{12} + \frac{2}{12} = \frac{10}{12} = \frac{5}{6}$

2 Zähler addieren, Nenner bleibt.

3 $1\frac{1}{3}$; $\frac{1}{2}$; $1\frac{1}{5}$; 2

4 $\frac{1}{2}$; $\frac{2}{3}$

5 ★ Es fehlt $\frac{1}{3}$ zum nächsten Ganzen.

6 Luisa, denn $\frac{1}{2}$ l = $\frac{2}{4}$ l.

$\frac{2}{4}$ l + $\frac{3}{4}$ l = $\frac{5}{4}$ l = $1\frac{1}{4}$ l

7 Auf einen gemeinsamen Nenner erweitern, Zähler addieren, Nenner beibehalten

8 a) $1\frac{5}{12}$; $1\frac{3}{20}$

b)

+	$\frac{1}{2}$	$\frac{1}{3}$	$\frac{1}{4}$	$\frac{1}{6}$	$2\frac{3}{4}$
$\frac{1}{5}$	$\frac{7}{10}$	$\frac{8}{15}$	$\frac{9}{20}$	$\frac{11}{30}$	$2\frac{19}{20}$
$\frac{3}{4}$	$1\frac{1}{4}$	$1\frac{1}{12}$	1	$\frac{11}{12}$	$3\frac{1}{2}$
$\frac{5}{8}$	$1\frac{1}{8}$	$\frac{23}{24}$	$\frac{7}{8}$	$\frac{19}{24}$	$3\frac{3}{8}$
$\frac{7}{4}$	$2\frac{1}{4}$	$2\frac{1}{12}$	2	$1\frac{11}{12}$	$4\frac{1}{2}$

Seite 24 – 25

1 $\frac{2}{7}$; $\frac{1}{5}$; $\frac{7}{9}$; 2; $3\frac{2}{3}$

2 Zähler subtrahieren, Nenner beibehalten

3 $\frac{1}{8}$; $2\frac{11}{20}$

4 Auf einen gemeinsamen Nenner erweitern, Zähler subtrahieren, Nenner beibehalten

5 $\frac{1}{2}$; $\frac{1}{3}$; $\frac{2}{7}$

6 $7\frac{3}{5}$; $9\frac{1}{4}$; $8\frac{4}{15}$; $11\frac{7}{13}$; $22\frac{2}{17}$

7 $8\frac{3}{4}$; $2\frac{19}{23}$; $\frac{11}{15}$

8 $1\frac{3}{4}$; $2\frac{23}{30}$; $7\frac{9}{14}$

9 Es bleiben ihm $7\frac{7}{8}$ m.

10 ★ Die fertige Marmelade wiegt $4\frac{3}{8}$ kg.

Seite 26 – 27

1 Sven hat $4\frac{1}{2}$ Brötchen gegessen.

2 a) $3\frac{3}{7}$; $4\frac{8}{13}$; 1 b) $\frac{4}{9}$; $\frac{5}{28}$; $\frac{15}{17}$

3 $2\frac{4}{7}$; $\frac{16}{27}$; $\frac{14}{15}$

4 $\frac{1}{2}$; $2\frac{1}{3}$; $\frac{1}{6}$; 10; $10\frac{1}{2}$; $6\frac{2}{3}$; 6

5 Jede bekommt $\frac{3}{8}$ Liter.

6 a) $\frac{4}{15}$; $\frac{2}{45}$; $\frac{5}{48}$; $\frac{1}{15}$

b) $\frac{1}{6}$; $\frac{2}{3}$; $1\frac{17}{25}$; 1

7 $7\frac{1}{3}$; $3\frac{1}{5}$; $1\frac{25}{68}$

8 ★ $\frac{6}{5}$; $\frac{14}{5}$; $\frac{16}{5}$; $\frac{42}{5}$

Seite 28 / 37

1 a) Jeder bekommt drei Viertel eines Kuchens.

b) $3 : 4 = \frac{3}{4}$

2 a) Jeder bekommt $\frac{3}{5}$.   b) $3 : 5 = \frac{3}{5}$

3 a) $\frac{6}{7}$; 2; 5 b) 2; $\frac{1}{4}$; $\frac{1}{3}$ c) $\frac{1}{4}$; $2\frac{1}{2}$

4 ★ 750 g; 1 mm; 500 m; 200 g; 70 dm^2

5 c) $4\frac{1}{7}$ d) $9\frac{4}{9}$ e) $3\frac{2}{5}$ f) $7\frac{1}{6}$

6 a) $12\frac{1}{7}$; $5\frac{5}{13}$; $1\frac{11}{20}$; $4\frac{1}{3}$

b) $12\frac{4}{9}$; $6\frac{1}{4}$; $7\frac{3}{25}$; $9\frac{1}{3}$

7 a) $\frac{37}{7}$; $\frac{89}{10}$; $\frac{110}{9}$; $\frac{127}{8}$

b) $\frac{43}{4}$; $\frac{23}{2}$; $\frac{57}{15}$; $\frac{48}{25}$

8 *Mögliche Lösung:* $\frac{3}{1} = \frac{6}{2} = \frac{12}{4}$

$\frac{1}{1} = \frac{2}{2} = \frac{3}{3}$

$\frac{5}{1} = \frac{10}{2} = \frac{20}{4}$

3 Rechnen mit Dezimalzahlen

Seite 38 – 39

1

H	Z	E	,	z	h	t	
	1	8	,	4	8	0	m
	3	5	,	0	7	8	km
1	2	0	,	3	0	0	m
	6	6	,	4	3	7	kg

$18\frac{48}{100}$ m; $35\frac{78}{1\,000}$ km; $120\frac{3}{10}$ m; $66\frac{437}{1\,000}$ kg

2 a) 2,3   3,07   0,14   32,365
b) 0,001   0,09   0,054   33,01

3 a) 0,15 3,8 1,75   b) 0,28 15,75 56,25

4 a) $4\frac{1}{4}$; $65\frac{1}{500}$ b) $6\frac{1}{4}$; $\frac{9}{20}$; $\frac{3}{250}$

5 ★ $\frac{2}{5}$; $\frac{3}{5}$; $\frac{4}{5}$; $\frac{3}{4}$; $\frac{5}{8}$; $\frac{7}{8}$

6 a)

	0,040	0,04	4	$\frac{4}{10}$	$\frac{4}{1000}$
4,0			=		
0,40				=	
0,04	=	=			
0,004					=
0,4				=	

b) 1,5 m = 1,50 m = 1,500 m
0,3 cm = 0,30 cm = 0,300 cm
6,08 kg = 6,080 kg = 6,0800 kg

7 0,346 3,87 6,008

Seite 40 – 41

1 A = 0,2 B = 0,45 C = 0,7 D = 0,85
E = 1,1 F = 1,2 G = 1,35 H = 1,45
I = 2,285 J = 2,29 K = 2,31 L = 2,325
M = 2,34 N = 2,365 O = 2,41 P = 2,425

2 a = 35,7° b = 36,4° c = 37,2°
d = 38,8° e = 40,5°

3 a) <, <, >, <   b) <, <, <, =

4 *Mögliche Lösung:*
0,45 < 0,46 < 0,463 < 0,47
18,01 < 18,02 < 18,09 < 18,1

5 ★ a) 1,25   b) 0,3445   c) 0,015   d) 8,7675

6 0,0593 < 0,09999 < 0,432 < 0,435 < 0,490 < 4,12

7 1,23 < 1,32 < 2,13 < 2,31 < 3,12 < 3,21

Seite 42 – 43

1 b) 3,4   c) 0,9

2 a) 3,22   b) 55,53   c) 2,67

3 a) 7,329 b) 12,065

4 b) Zehntel 8 654,6
c) Tausendstel 700,532
d) Zehntel 675,2
e) Einer 24
f) Einer 46

5 3,5

6

3,4528	≈ 3,5	≈ 3,45	≈ 3,453
173,00995	≈173,0	≈173,01	≈173,010
0,02543	≈ 0,0	≈ 0,03	≈ 0,025
4,9995	≈ 5,0	≈ 5,00	≈ 5,000
22,5766	≈ 22,6	≈ 22,58	≈ 22,577
1,32042	≈ 1,3	≈ 1,32	≈ 1,320

7 a) 3 kg   b) 6 kg   c) 66 dm   d) 8 m
e) 2 m²   f) 8 745 m²

8 ★ 234,20 234,21 234,22 234,23 234,24
234,15 234,16 234,17 234,18 234,19

9 b) ≈ 1,42 Fehler: 0,004
c) ≈ 17,29 Fehler: 0,003
d) ≈ 0,33 Fehler: 0,001

Seite 44 – 45

1 3 123,503 39,101 8 199,701 2 484,08

2 a) 42,73 b) 15,32 c) 0,814 d) 40,73

3 a) 30,08 b) 5,5 c) 0,597 d) 15,24

4 a) 5,5 b) 9,5 c) 14,6 d) 3 e) 0,1 f) 0,3

5 ★ Sie hat 2 802,96 € auf dem Konto.

6 1,863 + 0,137   0,4203 + 1,5797
1,473 + 0,527   0,2748 + 1,7252

7 (243,32 + 23,07) − 99,09 = 167,3

Seite 46 – 47

1 a) 2,56, 125; 4 568,8
b) 25,6; 1 250; 45 688
c) 3,4; 336 001,2

2 a) 10; 5,5543; 100
b) 1 000; 100; 0,42

3 a) 0,9; 0,36; 0,117; 10
b) 0,72; 0,16; 0,6; 28

4 a) A: 3 b) A: 5 c) A: 2

5 ★ 130 · 0,13 > 1,3 · 1,3
2,4 · 0,02 < 0,024 · 20
250 · 0,04 > 0,1 · 11
2,5 · 0,25 = 625 · 0,001

6 a) 11,18 Ü: 4 · 3 = 12
b) 4,818 Ü: 8 · 0,6 = 4,8
c) 1 474,2 Ü: 50 · 30 = 1500

7 a) 27 102,6 b) 271,026 c) 27,1026

8 5,5 · 1,2 − (1,07 + 2,3) = 3,23

Seite 48 – 49

1 a) 0,751 7,538 0,251
b) 8,0965 0,06676 0,003

2 a) 10 100 100   b) 1 000 10 10

3 1,29 4,464

4 b) 270,72 : 48   713 : 4
c) 160 : 7   18,3 : 5
d) 550 : 5   43 300 : 55

5 a) 12,6   b) 21,9

6 ★ 1 000

7 0,05

Seite 50 – 51

1 4,2 Liter

2 ★ a) 0,14 mm   b) 3,15 cm

3 88,4 m

4 227,7 kg

5 a) 0,43   b) 0,42   c) 0,33

6 b) 2,21   c) 0,37   d) 1,45   e) 0,61   f) 34,1

7 ★ a) (3,9 + 5,7) : 3 + 6,7 = 9,9
b) (128,43 + 47,1) + (128,43 − 47,1)
= 256,86

4 Geometrie

Seite 52 – 53

1

Winkel	α	β	γ	δ	ε
Art	spitz	rechter Winkel	Voll- winkel	stumpf	über- stumpf
Größe ge- schätzt	50°	90°	360°	150°	230°

2 90°-Winkel: 10
60°-Winkel: 8
30°-Winkel: 8

3

Winkel	α	β	γ	δ
ge- schätzt	30°	105°	80°	220°
gemes- sen	30°	110°	75°	225°

4 a) α = 35° β = 80° γ = 65° Summe: 180°
b) α = 51° β = 77° γ = 52° Summe: 180°
c) α = 90° β = 40° γ = 50° Summe: 180°

5 b) α = 125°   c) α = 150°   d) α = 95°

6

Seite 54 – 55

1 a) und b)   c) r = 2 cm
                         d = 4 cm

2

d	12,4 cm	9,2 cm	6 mm	21 cm	3,5 cm
r	6,2 cm	4,6 cm	3 mm	10,5 cm	1,75 cm

3 *Mögliche Lösung:*

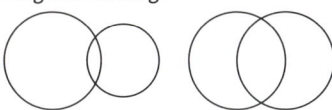

4

Die andere Seite ist 1,7 cm lang (gerundet).

5 270° 300°

6 120°

7 12

8 360° 90° 180° 270°

9 6°

10 0,1°

11 30° 90° 180° 120°

12 ★ 720' 30' 120" 84"

Seite 56 – 57

1 224 cm² + 48 cm² + 84 cm² = 356 cm²

2 A = 2
B = 3
C = 1

3 ★ a) O = 30,5 cm² b) O = 24 cm²

4

Oberflächeninhalt	Volumen
34,74 m²	8,68 m³
96 dm²	64 dm³
28,4 m²	6 m³
600 m²	1 000 m³

5 ★ O = 2 300 cm²   O = 2 200 cm²

Seite 58 – 59

1 Länge:
Eine Seite des Zimmers, gemessen in m
Fläche:
Fußboden, gemessen in m²
Volumen:
Zimmer mit Luft angefüllt, gemessen in m³.

2 Körper 1: 14 Würfel, 14 dm³
Körper 2: 15 Würfel, 15 dm³
Körper 2 hat den größeren Rauminhalt.

3 1 000 dm³

4 1 m³ = 1 000 dm³, 1 dm³ = 1 000 cm³
1 cm³ = 1 000 mm³

5 13 000 dm³; 3 230 cm³; 70 mm³

6 Die Seiten des Würfels sind gleich lang.

7 140 m³ Sand, 5 Lkw-Transporte

8 ★ 60,75 dm³

5 Umgang mit Daten

Seite 60 – 61

1

	Fabian	Noah
Absolute Häufigkeit	6	2
Relative Häufigkeit	$\frac{6}{10}$ = 0,6	$\frac{2}{4}$ = 0,5

Hannah hat die meisten Tore pro Spiel geschossen.

2

1	2	3	4	5	6
3	4	3	5	1	4
0,15	0,2	0,15	0,25	0,05	0,2

3 Pommes: 30 %, Schnitzel: 20 %, Pizza: 50 %

④

	Absolute Häufigkeit	Relative Häufigkeit
Österreich	35	29 %
Frankreich	15	13 %
Türkei	30	25 %
Holland	40	33 %

⑤ ★

	Relative Häufigkeit	Winkelmaß
Sport (S)	55 %	198°
Computer (C)	30 %	108°
Lesen (L)	10 %	36°
Kochen (K)	5 %	18°

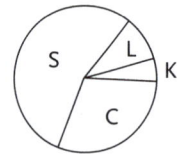

Klasse 6b

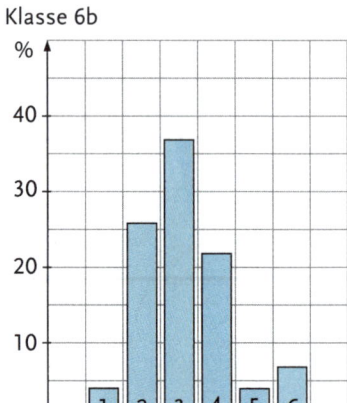

②   Mittelwert: 37,9   Zentralwert: 38

③

Mittelwert	45,14	912	84,43
Zentralwert	45	872	87

④   Mittelwert: 2,66 €   Zentralwert: 2,00 €
Er sollte seinen Eltern den Mittelwert angeben, da dieser höher als der Zentralwert ist.

Seite: 62 – 63

❶ ★ a) 6a: 3,22   6b: 3,19
Antwort: Die Schüler der 6b haben recht.

b) 6a: 7 %, 19 %, 33 %, 30 %, 7 %, 4 %
6b: 4 %, 26 %, 37 %, 22 %, 4 %, 7 %

c) Klasse 6a

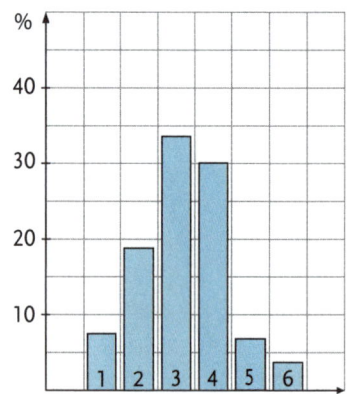

5 Wandle die unechten Brüche in gemischte Zahlen um.
Schreibe wie im Beispiel und kürze, wenn möglich, das Ergebnis.

a) $\frac{7}{5} = 7 : 5 = 1 + 2 : 5 = 1\frac{2}{5}$

b) $\frac{50}{8} = 50 : 8 = 6 + \frac{2}{8} = 6\frac{2}{8} = 6\frac{1}{4}$

c) $\frac{29}{7} =$ _____

d) $\frac{85}{9} =$ _____

e) $\frac{34}{10} =$ _____

f) $\frac{86}{12} =$ _____ ☐ 4

6 Wandle die unechten Brüche ohne Zwischenrechnung in gemischte Zahlen um.
Vergiss das Kürzen nicht.

a) $\frac{85}{7} =$ _____ $\frac{70}{13} =$ _____ $\frac{155}{100} =$ _____ $\frac{65}{15} =$ _____

b) $\frac{112}{9} =$ _____ $\frac{100}{16} =$ _____ $\frac{178}{25} =$ _____ $\frac{140}{15} =$ _____ ☐ 8

7 Wandle die gemischten Zahlen in unechte Brüche um.

Rechne so: $3\frac{3}{4} = \frac{4 \cdot 3 + 3}{4} = \frac{12 + 3}{4} = \frac{15}{4}$

oder für den Zähler: $4 \cdot 3 + 3 = 15$, *Nenner bleibt:* 4

a) $5\frac{2}{7} =$ _____ $8\frac{9}{10} =$ _____ $12\frac{2}{9} =$ _____ $15\frac{7}{8} =$ _____

b) $10\frac{3}{4} =$ _____ $11\frac{1}{2} =$ _____ $3\frac{12}{15} =$ _____ $1\frac{23}{25} =$ _____ ☐ 8

8 Schreibe die natürliche Zahl als Bruch. Gib drei Möglichkeiten an.

$3 =$ _____ $1 =$ _____ $5 =$ _____ ☐ 3

 34 – 26 Punkte
 25 – 18 Punkte
 17 – 0 Punkte
 Gesamt-punktzahl

Bruch und Dezimalbruch

1 Schreibe wie im Beispiel, den Dezimalbruch zuerst als Bruch, und trage dann den Dezimalbruch in die erweiterte Stellentafel (z: Zehntel, h: Hundertstel, t: Tausendstel) ein.

H	Z	E	,	z	h	t	
		4	,	3	5	0	m

$4{,}35 \text{ m} = 4 \text{ m} + \dfrac{3}{10} \text{ m} + \dfrac{5}{100} \text{ m} = 4\dfrac{35}{100} \text{ m}$

18,48 m = _____

35,078 km = _____

120,3 m = _____

66,437 kg = _____ | 4 |

---

2 Ganze und 4 Zehntel sind 2,4 und
2 Ganze und 4 Hundertstel sind 2,04.

---

2 Schreibe als Dezimalzahl.

a) $2\dfrac{3}{10} =$ _____ $3\dfrac{7}{100} =$ _____ $\dfrac{14}{100} =$ _____ $32\dfrac{365}{1\,000} =$ _____

b) $\dfrac{1}{1\,000} =$ _____ $\dfrac{9}{100} =$ _____ $\dfrac{54}{1\,000} =$ _____ $33\dfrac{1}{100} =$ _____ | 8 |

3 Forme die Brüche durch Erweitern oder Kürzen so um, dass eine Stufenzahl (1, 10, 100, 1 000, ...) im Nenner steht. Schreibe dann als Dezimalbruch.

a) $\dfrac{3}{20} = \dfrac{15}{100} =$ _____ $3\dfrac{4}{5} = 3$ _____ $=$ _____ $1\dfrac{3}{4} = 1$ _____ $=$ _____

b) $\dfrac{7}{25} =$ _____ $=$ _____ $15\dfrac{6}{8} = 15$ _____ $=$ _____ $56\dfrac{3}{12} = 56$ _____ $=$ _____ | 6 |

4 Forme die Dezimalzahlen in Brüche um. Kürze, wenn möglich.

a) $3,4$ $= 3\frac{4}{10} = 3\frac{2}{5}$ $\qquad$ $4,25 =$ _____ $\qquad$ $65,002 =$ _____

b) $6,250 =$ _____ $\qquad$ $0,45 =$ _____ $\qquad$ $0,012 \ =$ _____ $\boxed{5}$

★ **5** Ein Lernplakat mit wichtigen Brüchen. Ergänze die fehlenden Brüche und lerne sie auswendig.

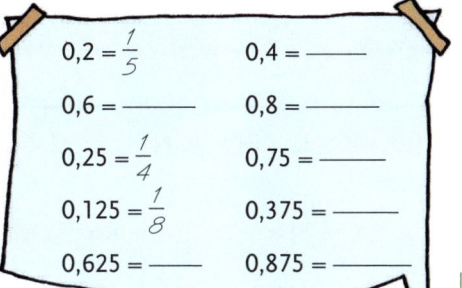

$0,2 = \frac{1}{5}$ $\qquad$ $0,4 =$ ____

$0,6 =$ ____ $\qquad$ $0,8 =$ ____

$0,25 = \frac{1}{4}$ $\qquad$ $0,75 =$ ____

$0,125 = \frac{1}{8}$ $\qquad$ $0,375 =$ ____

$0,625 =$ ____ $\qquad$ $0,875 =$ ____

$\boxed{2}$

3

6 Ergänze die folgenden Aufgaben.

a) Trage = in das Feld ein, wenn die Zahlen gleich groß sind.

	0,040	0,04	4	$\frac{4}{10}$	$\frac{4}{1000}$
4,0			=		
0,40					
0,04					
0,004					
0,4					

b) Durch Anfügen von Nullen nach dem Komma ändert sich bei Dezimalzahlen der Wert nicht. Ergänze.

$1,5 \ m =$ $\quad 1,50 \ m \quad$ $= 1,500 \ m$

$0,3 \ cm =$ _____ $=$ _____

$6,08 \ kg =$ _____ $=$ _____ $\boxed{9}$

7 Streiche alle überflüssigen Nullen durch.

$00,3460$ $\qquad$ $3,8700$ $\qquad$ $6,0080$ $\qquad$ $\boxed{1}$

39

   35 – 27 Punkte  26 – 18 Punkte  17 – 0 Punkte  Gesamt- punktzahl

Darstellen und ordnen

1 Welche Dezimalzahlen sind auf den beiden Zahlenstrahlen markiert?

0   A   B   C   D   1 E   F   G H   2

A = _____   B = _____   C = _____   D = _____

E = _____   F = _____   G = _____   H = _____

I J 2,3 K   L   M   N   2,4 O   P

I = _____   J = _____   K = _____   L = _____

M = _____   N = _____   O = _____   P = _____   ☐ 16

2 Welche Temperaturen sind auf dem Thermometer markiert?

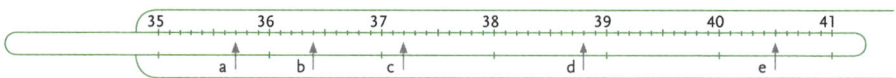

a = _____   b = _____   c = _____   d = _____   e = _____   ☐ 4

3 Kleiner < , größer > oder gleich =?

a) 3,78 ☐ 3,87   6,03 ☐ 6,04   10,345 ☐ 10,340   0,02 ☐ 0,022

b) $\frac{1}{4}$ ☐ 0,33   7,4 ☐ $7\frac{3}{5}$ 0,5543 ☐ 00,5545   0,50 ☐ $\frac{1}{2}$ ☐ 8

4 Gib zwei Dezimalzahlen an, die zwischen den angegebenen Zahlen liegen.

0,45 < _____ < _____ < 0,47

18,01 < _____ < _____ < 18,1   ☐ 2

40

★ **5** Suche in der Rasterfläche die Dezimalzahl aus, die genau in der Mitte zwischen den angegebenen Zahlen liegt, und trage sie ein.

a) 1,2   < _____ < 1,3

1,25   1,23   0,5   8,777

b) 0,344 < _____ < 0,345

0,3345   8,867   1,205

c) 0,01   < _____ < 0,02

0,011   8,7675   0,015

0,344 45   9,767   0,3445

d) 8,767 < _____ < 8,768

[ ] 4

3

6 Ordne die Dezimalzahlen der Größe nach.

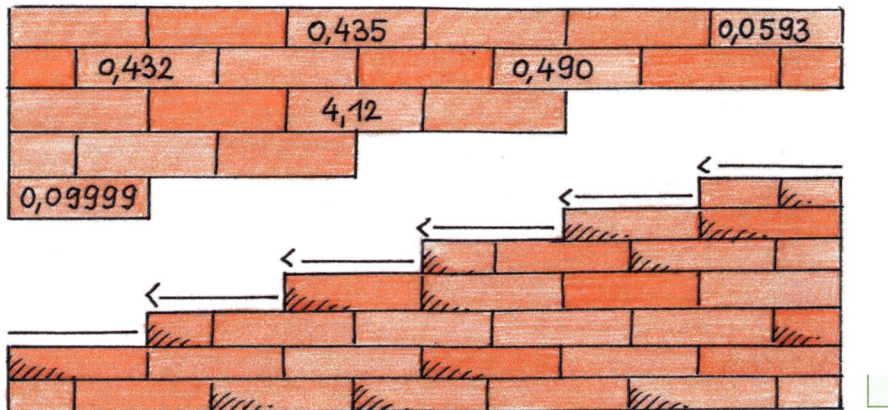

0,435   0,0593   0,432   0,490   4,12   0,09999

[ ] 6

7 Bilde aus den Ziffern 1, 2 und 3 alle möglichen Dezimalzahlen mit zwei Dezimalen. Jede Zimmer darf in einer Zahl nur einmal vorkommen. Ordne sie anschließend der Größe nach.

_____ , _____ , _____ , _____ , _____ , _____

_____ < _____ < _____ < _____ < _____ < _____

[ ] 2

41

Runden

1 Runde auf eine Stelle hinter dem Komma. Unterstreiche die Rundungsstelle.

a) 34,6̲5 ≈ *34,7*   b) 3,445 ≈ _____   c) 0,85 ≈ _____   2

2 Runde auf zwei Stellen hinter dem Komma.

a) 3,217 ≈ _____   b) 55,533 ≈ _____   c) 2,674 ≈ _____   3

3 Runde auf drei Stellen hinter dem Komma.

a) 7,3289 ≈ _____   b) 12,0654 ≈ _____   2

4 Gib den Stellenwert der unterstrichenen Rundungsstelle an und runde auf diese Stelle.

a) 143,5̲79   *Hundertstel*   *143,58*

b) 8 654,5̲743   _____   _____

c) 700,531̲604   _____   _____

d) 675,2̲439   _____   _____

e) 23,3̲7   _____   _____

f) 46,6̲32   _____   _____   3

5 Der Notendurchschnitt einer Klassenarbeit beträgt 3,45. Runde auf eine Dezimale.

_____   1

6 Fülle die Tabelle aus.

Runde	... auf eine Dezimale	... auf zwei Dezimalen	... auf drei Dezimalen
3,4528	≈	≈ 3,45	≈
173,00995	≈	≈	≈
0,02543	≈	≈	≈
4,9995	≈	≈	≈
22,5766	≈	≈	≈
1,32042	≈	≈	≈

3

7 Runde auf ganze Zahlen in der angegebenen Einheit.

a) 3,25 kg ≈ _____ kg

b) 5800,5 g ≈ _____ kg

c) 6,56 m ≈ _____ dm

d) 756,2 cm ≈ _____ m

e) 165,45 dm² ≈ _____ m²

f) 87,452 a ≈ _____ m²

6

★ **8** Ein Gemüsehändler musste rund 234,2 kg Gemüse vernichten, weil in seinem Kühlraum die Kühlung ausfiel.
Schreibe alle Dezimalzahlen mit zwei Dezimalen, die auf die obige Zahl gerundet werden können.

_____, _____, _____, _____, _____, _____, _____,

_____, _____, _____

2

9 Runde auf zwei Dezimalen und berechne den Rundungsfehler.

a) 5,245 ≈ 5,25   Rundungsfehler: 5,25 − 5,245 = 0,005

b) 1,424 ≈ _____   Rundungsfehler: _____

c) 17,287 ≈ _____   Rundungsfehler: _____

d) 0,329 ≈ _____   Rundungsfehler: _____

3

43

Addieren und subtrahieren

1 Ergänze die Dezimalzahlen durch Nullen auf die gleiche Anzahl
der Dezimalen und rechne.

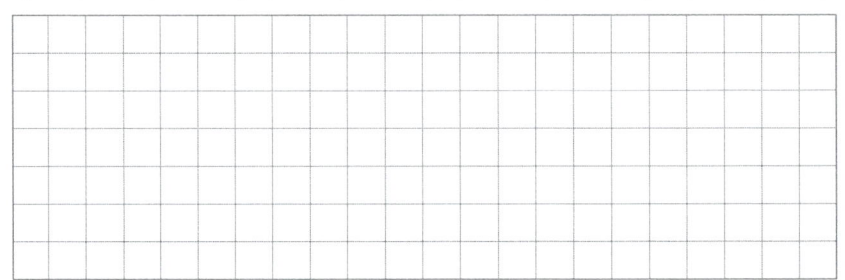

```
    4 067,003          5,403                            673,92
  –   943,5           27,2          8 756,72          1 200,8
  _____          6,09       –  557,019            544,0
                    +  0,408       _____        +  65,36
                    _____                         _____
```

4

2 Schreibe stellengerecht untereinander und berechne.

a) 13,3 + 29,43   b) 8,54 + 6,78   c) 0,763 + 0,051   d) 38,03 + 2,2 + 0,5

4

3 Schreibe stellengerecht untereinander und berechne.

a) 53,98 – 23,9   b) 9,44 – 3,94   c) 0,654 – 0,057   d) 23,9 – 3,76 – 4,9

4

4 **Berechne im Kopf und schreibe die Ergebnisse auf.**

a) 2,3 + 3,2 = _____   b) 8,7 + 0,8 = _____   c) 7,3 + 7,3   = _____

d) 3,5 − 0,5 = _____   e) 3,2 − 3,1 = _____   f) 0,45 − 0,15 = _____   6

★ **5** **Frau Spar hat auf ihrem Konto 798,35 €. Sie gewinnt in der Lotterie 2 365,60 € und kauft sich einen Kühlschrank für 360,99 €.**
Wie viel Geld hat sie danach auf ihrem Konto?

Rechnung: _____

Antwort: _____   2

6 **Jede Zahl im linken Kreis ergibt durch Addition einer Zahl im rechten Kreis die Zahl 2. Ergänze die Aufgaben.**

0,4203

1,863   1,473

0,2748

1,7252

0,137   0,527

1,5797

_____ + _____ = 2   _____ + _____ = 2

_____ + _____ = 2   _____ + _____ = 2   4

7 **Subtrahiere 99,09 von der Summe der Zahlen 243,32 und 23,07.**
Schreibe zuerst einen Term mit Klammer, berechne dann das Ergebnis.

Term: _____

Ergebnis: _____   2

45

Multiplizieren

Eine Dezimalzahl **multiplizierst** du mit 10, 100, 1 000 ..., indem du das Komma um 1, 2, 3 ... Stellen nach **rechts** verschiebst.
Beispiele: $4,75 \cdot 10 = 47,5$ $\qquad$ $34,09 \cdot 100 = 3\,409,0 = 3\,409$

1 Multipliziere.

a) $0,256 \cdot 10 =$ _____ $\qquad$ $12,5 \cdot 10 =$ _____ $\qquad$ $456,88 \cdot 10 =$ _____

b) $0,256 \cdot 100 =$ _____ $\qquad$ $12,5 \cdot 100 =$ _____ $\qquad$ $456,88 \cdot 100 =$ _____

c) $0,0034 \cdot 1\,000 =$ _____ $\qquad$ $336,0012 \cdot 1\,000 =$ _____ | 8 |

2 Fülle die Lücken aus.

a) $0,087 \cdot$ _____ $= 0,87$ $\qquad$ $100 \cdot$ _____ $= 555,43$ $\qquad$ $3,4 \cdot$ _____ $= 340$

b) $4,43 \cdot$ _____ $= 4\,430$ $\qquad$ $0,966 \cdot$ _____ $= 96,6$ $\qquad$ _____ $\cdot 10 = 4,2$ | 6 |

Multiplizieren von Dezimalzahlen: $\qquad\qquad$ $1,4 \cdot 0,8$
- Rechne zuerst ohne Komma. $\qquad \rightarrow \quad 14 \cdot 8 = 112$
- Zähle die Dezimalen der Faktoren $\quad \rightarrow \quad 2$
- Setze im Ergebnis das Komma so, dass es genauso viele Dezimalen hat wie die Faktoren zusammen. $\quad \rightarrow \quad 1,12$

3 Rechne im Kopf. Schreibe das Ergebnis auf.

a) $0,3 \cdot 3 =$ _____ $\quad$ $1,2 \cdot 0,3 =$ _____ $\quad$ $0,09 \cdot 1,3 =$ _____ $\quad$ $2,5 \cdot 4 =$ _____

b) $3,6 \cdot 0,2 =$ _____ $\quad$ $0,4 \cdot 0,4 =$ _____ $\quad$ $6 \cdot 0,1 =$ _____ $\quad$ $20 \cdot 1,4 =$ _____ | 8 |

4 Gib die Anzahl (A) der Dezimalen (Kommastellen) im Ergebnis an.

a) $23,76 \cdot 34,7$ $\qquad$ b) $2,098 \cdot 4,56$ $\qquad$ c) $0,09 \cdot 12$

A: _____ $\qquad\qquad$ A: _____ $\qquad\qquad$ A: _____ | 3 |

★ **5** **Setze das richtige Zeichen (<, =, >) ein.**

130 · 0,13 _____ 1,3 · 1,3   2,4 · 0,02 _____ 0,024 · 20

250 · 0,04 _____ 0,1 · 11   2,5 · 0,25 _____ 625 · 0,001   2

6 **Multipliziere schriftlich und überprüfe durch eine Überschlagsrechnung.**

a)   b)   c)

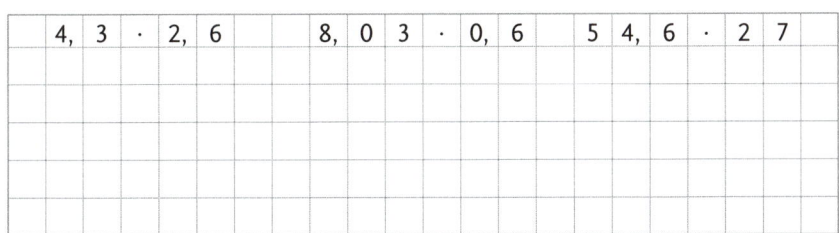

| | 4, | 3 | · | 2, | 6 | | 8, | 0 | 3 | · | 0, | 6 | | 5 | 4, | 6 | · | 2 | 7 |

Überschlag:

a) _____   b) _____   c) _____   3

7 **Berechne das erste Produkt a) und folgere daraus die Ergebnisse für b) und c).**

a)   b)   c)

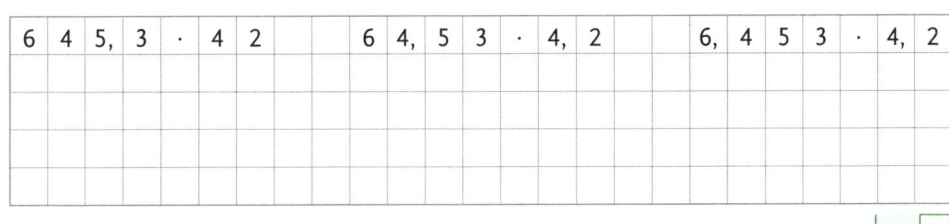

| 6 | 4 | 5, | 3 | · | 4 | 2 | | 6 | 4, | 5 | 3 | · | 4, | 2 | | 6, | 4 | 5 | 3 | · | 4, | 2 |

3

8 **Stelle einen Term auf, rechne dann.**
Subtrahiere von dem Produkt aus 5,5 und 1,2 die Summe aus 1,07 und 2,3.
Denke an die Rechenregeln und die Klammern.

_____   2

       35 – 27 Punkte   26 – 18 Punkte   17 – 0 Punkte    Gesamt-punktzahl

Dividieren

Eine Dezimalzahl **dividierst** du durch 10, 100, 1 000 ..., indem du das Komma um 1, 2, 3 ... Stellen nach **links** verschiebst.
Beispiele: 234,8 : 10 = 23,48   234,8 : 100 = 2,348   0,9 : 10 = 0,09

1 **Rechne im Kopf.**

a) 7,51 : 10 = _____   753,8 : 100 = _____   2,51 : 10 = _____

b) 8 096,5 : 1 000 = _____   66,76 : 1 000 = _____   0,03 : 10 = _____ | 6 |

2 **Fülle die Lücken aus.**

a) 55,2 : _____ = 5,52   6,78 : _____ = 0,0678   25 : _____ = 0,25

b) 1234,56 : _____ = 1,234 56   0,3 : _____ = 0,03   2 : _____ = 0,2 | 6 |

Setze beim Dividieren einer Dezimalzahl durch eine natürliche Zahl das **Komma** im Ergebnis dann, wenn du das Komma im **Dividenden** überschreitest. Ergänze, wenn nötig, Nullen.

3 **Sieh dir die Beispiele an und berechne die Aufgaben.**

$$2\,2,5 : 15 = 1,5$$
$$15$$
$$7\,5$$
$$7\,5$$
$$0$$

$$0,9 : 2 = 0,45$$
$$8$$
$$1\,0$$
$$1\,0$$
$$0$$

$$3,87 : 3 =$$

$$111,6 : 25 =$$

| 2 |

Beim **Dividieren** durch eine Dezimalzahl musst du den Divisor in eine natürliche Zahl umwandeln: Du verschiebst vor der Division in beiden Zahlen das Komma so lange nach **rechts**, bis der Divisor eine natürliche Zahl wird.

4 **Wandle den Divisor in eine natürliche Zahl um.**

a) $5{,}12 : 3{,}2 = \mathit{51{,}2 : 32}$ $10{,}23 : 0{,}55 = \mathit{1023 : 55}$

b) $27{,}072 : 4{,}8 = $ _____ : ____ $0{,}713 : 0{,}004 = $ _____ : _____

c) $1{,}6 : 0{,}07 = $ _____ : ____ $1{,}83 : 0{,}5 = $ _____ : ____

d) $55 : 0{,}5 = $ _____ : ____ $433 : 0{,}55 = $ _____ : ____

3

5 **Dividiere schriftlich.**

a)

1	1,	3	4	:	0,	9	=		
1	1	3,	4	:	9		=		

b)

3	7,	2	3	:	1,	7	=		

2

6 **Kettenrechnung. Rechne fortlaufend im Kopf.**

1 000 : 500   : 0,5   : 40   : 0,01   : 200   : 0,5   : 0,0001 =

$1\,000 : 500 : 0{,}5 : 40 : 0{,}01 : 200 : 0{,}5 : 0{,}0001 = $ _____

6

7 **Berechne den Term:** $4{,}3 : (70 + 16) = $ _____

1

Terme berechnen

1 Jakob trinkt in einer Woche 6 Flaschen Limonade. Jede Flasche enthält 0,7 Liter. Wie viele Liter Limonade hat er getrunken?

Rechnung: _____

Antwort: _____ 2

★ **2** Ein Buch hat 225 Seiten. 75 Seiten sind 10,5 mm dick.

a) Berechne die Dicke eines Blattes.

Rechnung: _____

Antwort: _____ 2

b) Wie dick ist das ganze Buch? Gib in cm an.

Rechnung: _____

Antwort: _____ 2

3 Ein rechteckiger Spielplatz mit der Länge 26,5 m und der Breite 17,7 m soll eingezäunt werden. Wie viele Meter Zaun werden benötigt?

Rechnung: _____

Antwort: _____ 2

4 In einem Bücherregal stehen 345 Bücher. Ein Buch wiegt durchschnittlich 0,66 kg. Berechne das Gesamtgewicht.

Rechnung: _____

Antwort: _____ 2

5 Wandle durch Division in eine Dezimalzahl um.
Runde auf zwei Dezimalen.

a) $\frac{3}{7} = 3 : 7 \approx 0,$_____   b) $\frac{5}{12} = 5 : 12 \approx$ _____   c) $\frac{2}{6} \approx$ _____ | 3 |

6 Berechne die Terme.
Beachte die Rechenregeln! Schreibe die Rechenschritte untereinander,
achte auf eine übersichtliche Schreibweise.

a) $6,7 - (1,7 + 3,5) =$

$6,7 - 5,2 = 1,5$

b) $(3,4 - 2,1) + (2,75 - 1,84) =$

_____

_____

c) $0,8 \cdot 1,4 - 0,75 =$

_____

_____

d) $1,5 - 1,25 : 25 =$

_____

_____

e) $(4,53 : 3 + 0,93) : 4 =$

_____

_____

f) $5 \cdot (12,32 : 4 + 23,5 : 5) - 4,8 =$

_____

_____

_____ | 5 |

★ **7** Schreibe zuerst den Term mit Klammern, berechne dann.

a) Dividiere die Summe aus 3,9 und 5,7 durch 3 und addiere dann 6,7.

_____

b) Addiere zur Summe der Zahlen 128,43 und 47,1 die Differenz
dieser Zahlen.

_____ | 4 |

  22 – 17
Punkte 16 – 11
Punkte 10 – 0
Punkte Gesamt-
punktzahl

Winkel zeichnen und messen

1 Nenne die Art der Winkel und schätze die Größe der Winkel.

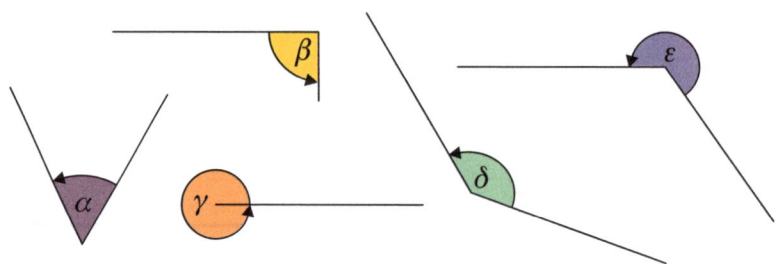

Winkel	α (Alpha)	β (Beta)	γ (Gamma)	δ (Delta)	ε (Epsilon)
Winkelart	*spitz*				
Schätzung					

5

2 Markiere durch einen farbigen Bogen:

Alle 90°-Winkel blau,
alle 60°-Winkel orange und
alle 30°-Winkel grün.

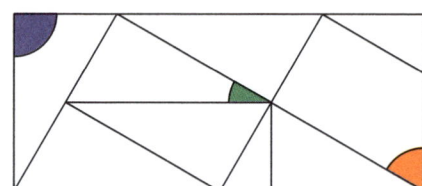

3

3 Wie groß sind die Winkel?

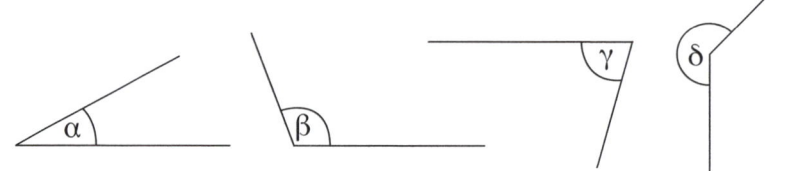

Winkel	α	β	γ	δ
Geschätzt				
Gemessen				

4

4 Miss die drei Winkel in dem Dreieck und addiere die Winkelgrößen.

a) 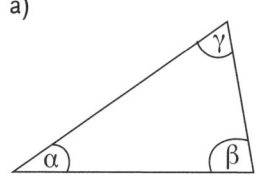 b) 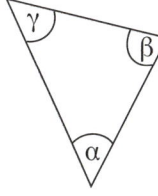 c)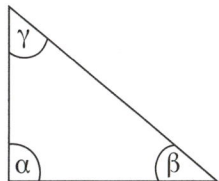

	α	β	γ	Summe
Dreieck a)				
Dreieck b)				
Dreieck c)				4

5 Berechne den Winkel α mithilfe des gestreckten Winkels. Rechne im Kopf, notiere das Ergebnis.

a) 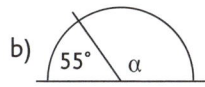 $α = 180° - 40° = 140°$ b) 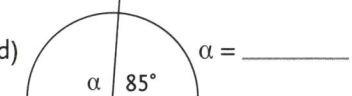 α = _____

c) α = _____ d) α = _____

4

6 Zeichne die Winkel ausgehend vom vorgegebenen 1. Schenkel.

45° ×——————————————

75° ×——————————————

225° ×——————————————

130° ×——————————————

4

53

Kreis und Winkel

1 **Löse die folgenden Aufgaben zum Kreis.**

a) Zeichne den Kreis um M durch den Punkt P.

b) Zeichne den Radius r und den
Durchmesser d ein.

x P

c) Miss die Länge von Radius _____

x M

und Durchmesser _____

2 **Ergänze die Tabelle.**

| 3 |

d	12,4 cm		6 mm		3,5 cm
r		4,6 cm		10,5 cm	

| 5 |

3 **Zeichne zwei Kreise, die sich in genau zwei Punkten schneiden.**

| 2 |

4 **Zeichne einen Kreis mit einem Durchmesser von 3 cm.**
Zeichne ein Rechteck, dessen Ecken auf dem Kreis liegen und
dessen eine Seite a = 2,5 cm lang ist. Wie lang ist die Seite b?

| 2 |

5 **Bestimme die Größe.**

$\frac{3}{4}$ eines Vollwinkels: _____

$\frac{5}{6}$ eines Vollwinkels: _____

| 2 |

6 Eine Torte wird in 3 gleich große Stücke geteilt. Wie groß ist der Winkel an der Spitze der Tortenstücke?

Skizze: Rechnung: _____

_____ 2

7 Bei einer anderen Torte beträgt der Winkel an der Spitze eines Stücks 30°. In wie viele gleich große Stücke wurde die Torte geteilt?

_____ 1

8 Welchen Winkel überstreicht der Minutenzeiger einer Uhr?

in 1 h: _____   in 15 min: _____   in 30 min: _____   in 45 min: _____ 4

9 Welchen Winkel überstreicht der Minutenzeiger in 1 Minute?

_____ 1

10 Welchen Winkel überstreicht der Minutenzeiger in 1 Sekunde?

_____ 1

11 Wie groß ist der Winkel, den der Stundenzeiger überstreicht?

in 1 h: _____   in 3 h: _____   in 6 h: _____   in 4 h: _____ 4

★ **12** Kleine Winkelmaße sind die Winkelminute 1' und die Winkelsekunde 1": 1° = 60' und 1' = 60". Gib in der nächstkleineren Einheit an.

12° = _____   0,5° = _____   2' = _____   1,4" = _____ 4

55

   **31 – 25 Punkte**  **24 – 16 Punkte**   **15 – 0 Punkte**   **Gesamtpunktzahl**

Oberflächeninhalt

Flächeninhalt eines **Rechtecks**:
A = Länge · Breite

1 **Pia will eine quaderförmige Schachtel mit Klappdeckel mit Stoff bekleben. Die Schachtel ist 14 cm lang, 8 cm breit und 3 cm hoch. Wie viel Stoff benötigt sie dafür? Das Netz der Schachtel hilft dir dabei.**

Beachte: Alle Flächen kommen doppelt vor!

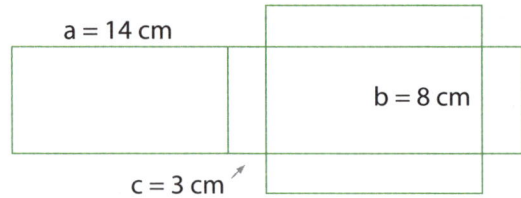

a = 14 cm

b = 8 cm

c = 3 cm

Grundfläche + obere Fläche: $2 \cdot a \cdot b =$ *2 · (14 cm · 8 cm) = 224 cm²*

Rechte + linke Seitenfläche : $2 \cdot b \cdot c =$ _____

Vordere + hintere Seitenfläche: $2 \cdot a \cdot c =$ _____

Oberfläche insgesamt: _____

Antwort: _____

> 4

2 **Ordne jedem Netz einen Quader zu. Orientiere dich an den Zeichen.**

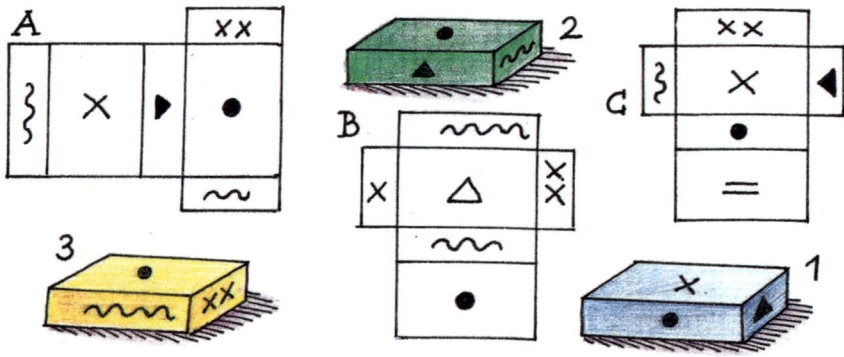

56

A = _____   B = _____   C = _____

> 3

★ ③ **Bestimme den Oberflächeninhalt.**

a) Quader mit einer Länge von
3,5 cm, einer Breite von 2 cm
und einer Höhe von 1,5 cm

b) Würfel mit 2 cm langen Kanten

_____

_____

_____

_____

_____

| 2 |

④ **Ergänze in der Tabelle die Angaben für einen Quader.**

Länge	Breite	Höhe	Oberflächeninhalt	Volumen
4 m	3,1 m	0,7 m		
40 cm	0,4 m	4 dm		
5 m	0,6 m	2 m		
10 m	10 m	10 m		

| 8 |

★ ⑤ **Das Siegerpodest und die Brücke bestehen aus Würfeln mit der Kantenlänge 5 cm. Wie groß ist der Oberflächeninhalt?**

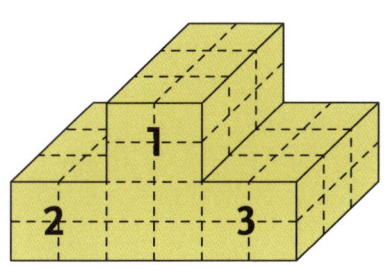

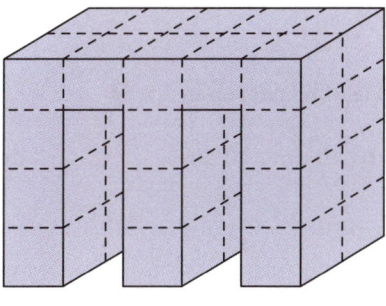

Siegerpodest: O = _____ cm²

Brücke: O = _____ cm²

| 4 |

57

Rauminhalt

1 Erläutere an einem rechteckigen Zimmer den Unterschied zwischen einer Länge, einem Flächeninhalt (Fläche) und einem Rauminhalt (Volumen).

Länge: _____

Fläche: _____

Volumen: _____ $\boxed{3}$

2 Jeder Körper ist aus Würfeln mit einem Volumen von 1 dm³ gebaut. Welcher Körper hat den größeren Rauminhalt?

Körper 1 besteht aus _____ Würfeln, das ergibt _____ dm³.

Körper 2 besteht aus _____ Würfeln, das ergibt _____ dm³.

Körper _____ hat also den größeren Rauminhalt. $\boxed{3}$

3 Wie viel dm³ passen in 1 m³?

10 dm · 10 dm · 10 dm = _____ dm³

 $\boxed{3}$

10 dm 10 dm 10 dm

4 Ergänze.

1 m³ = _____ dm³,   1 dm³ = _____ cm³,   1 cm³ = _____ mm³ $\boxed{1}$

5 Wandle in die nächstkleinere Einheit um.

13 m³ = _____   3,23 dm³ = _____   0,07 cm³ = _____ $\boxed{3}$

Volumen eines **Quaders**:
Länge mal Breite mal Höhe
$V = a \cdot b \cdot c$

6 Begründe: Für das Volumen eines Würfels gilt $V = a \cdot a \cdot a$.

_____ 1

7 Ein Spielfeld für Beach-Volleyball ist 16 m breit und 25 m lang.
Wie viel m³ Sand werden benötigt, wenn der Sand 35 cm hoch aufgeschüttet
werden soll?
Ein Lkw kann 28 m³ Sand transportieren. Wie viele Lkw-Transporte müssen
eingesetzt werden?

Rechnung: _____

_____

Antwort: _____ 3

★ **8** Ein würfelförmiges Aquarium mit der Kantenlänge 45 cm wird zu $\frac{2}{3}$ mit
Wasser aufgefüllt. Wie viel dm³ Wasser sind das?

Fertige eine Skizze an:

Rechnung: _____

_____

Antwort: _____ 3

59

Häufigkeiten

1 Hannah schoss bei ihren letzten 5 Fußballspielen 4 Tore, Fabian schoss bei den letzten 10 Spielen 6 Tore und Noah schoss bei den letzten 4 Spielen 2 Tore.

	Hannah	Fabian	Noah
Absolute Häufigkeit der Tore	4		
Relative Häufigkeit der Tore	$\frac{4}{5} = 0{,}8$		

Wer hat, bezogen auf die Anzahl der Spiele, die meisten Tore geschossen?

_____ 2

2 Beim Würfeln gab es folgende Ergebnisse:
Laura: 3 4 3 6 1; Jana: 4 4 5 2 2; Jakob: 6 2 2 1 6; Finn: 1 3 4 4 6
Bestimme die absoluten und relativen Häufigkeiten der Augenzahlen.

	1	2	3	4	5	6
Absolute Häufigkeit						
Relative Häufigkeit						

2

3 In einer 6. Klasse wurde eine Umfrage zum Lieblingsessen gemacht. Gib die relative Häufigkeit in % an.
Hinweis: $1\% = \frac{1}{100}$

Lieblingsessen	Pommes	Schnitzel	Pizza
Anzahl	卌 IIII	卌 I	卌 卌 卌
Relative Häufigkeit in %	$\frac{9}{30} = \frac{30}{100} = 30\%$		

3

4 120 Familien wurden nach ihrem diesjährigen Urlaubsziel gefragt.
Das Ergebnis wurde in dem folgenden Diagramm dargestellt.
Lies die absoluten Häufigkeiten ab und berechne die relativen Häufigkeiten
in Prozent. Schreibe die Ergebnisse in die Tabelle (runde auf ganze
Prozentwerte).

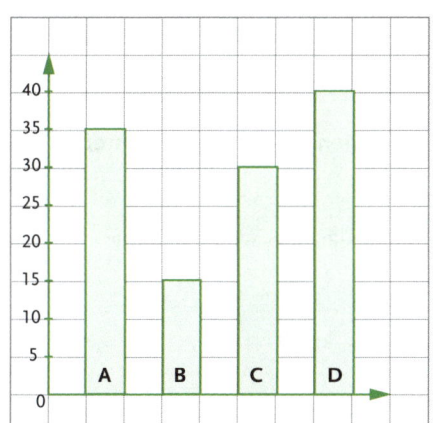

	Absolute Häufigkeit	Relative Häufigkeit
Österreich		
Frankreich		
Türkei		
Holland		

A = Österreich, B = Frankreich,
C = Türkei, D = Holland

8

★ **5** 160 Schülerinnen und Schüler wurden nach ihrer beliebtesten Freizeit-
gestaltung befragt. Rechne zuerst die Prozentangaben in Winkelmaße
um und erstelle anschließend ein Kreisdiagramm.
Hinweis: 100 % entsprechen einem Winkel von 360°.
        1 % entspricht einem Winkel von 360° : 100 = 3,6°.

	Relative Häufigkeit	Winkel-maß
Sport (S)	55 %	
Computer (C)	30 %	
Lesen (L)	10 %	
Kochen (K)	5 %	

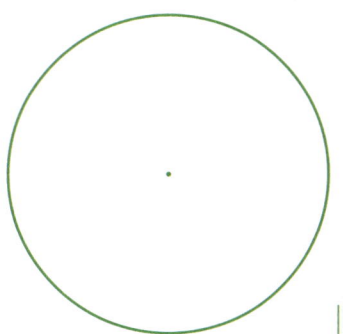

5

5

   20 – 16 Punkte  15 – 11 Punkte  10 – 0 Punkte  Gesamt-punktzahl

Mittelwerte

★ **①** **Nach der Benotung einer Parallel-Klassenarbeit in den Klassen 6a und 6b ergaben sich folgende Notenverteilungen:**

Klasse 6a

Note	1	2	3	4	5	6
Anzahl	2	5	9	8	2	1
Relative Häufigkeit						

Klasse 6b

Note	1	2	3	4	5	6
Anzahl	1	7	10	6	1	2
Relative Häufigkeit						

Die Schülerinnen und Schüler beider Klassen meinen, dass in jeweils ihrer Klasse die Klassenarbeit besser ausgefallen sei.

a) Berechne den Mittelwert der Noten für beide Klassen. Wer hat recht?

Klasse 6a: *(2 + 10 + 27 + 32 + 10 + 6) : 27 ≈* _____

Klasse 6b: _____

Antwort: _____

b) Berechne für jede Notenstufe die relative Häufigkeit und gib sie in Prozent an. Trage die Werte in die Tabelle oben ein. Runde auf ganze Prozentwerte.

6

c) Veranschauliche die relativen Häufigkeiten in geeigneten Säulen-diagrammen.

Klasse 6a

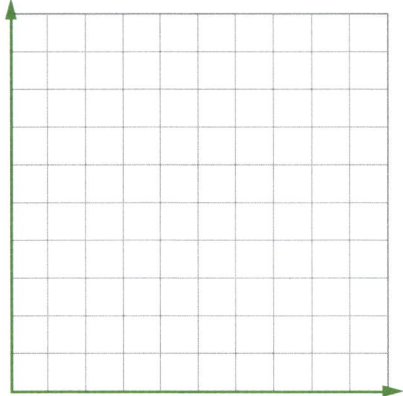

Klasse 6b

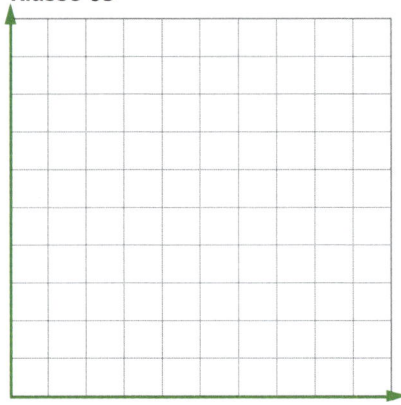

4

Der **Zentralwert (Median)** ist der Wert in der Mitte der nach Größe geordneten Liste der Daten. Bei einer geraden Anzahl von Werten bestimmt man den Mittelwert der beiden Werte in der Mitte.

2 Bestimme den Mittelwert und den Zentralwert (Median) der Schuhgrößen folgender Schülerinnen. Runde auf eine Dezimale.

	Julia	Jana	Yvonne	Sema	Lea	Seynep	Sophie
Größe	37	37	37	38	38	39	39

Mittelwert: _____ Zentralwert: _____ | 2 |

3 Bestimme Mittelwert und Zentralwert folgender Datensätze.
Runde auf zwei Dezimalen.

Daten	Mittelwert	Zentralwert
11 17 28 45 53 74 88		
140 390 544 1 200 1 432 1 766		
24 42 66 87 103 124 145		

| 3 |

5

4 Jonas bekommt pro Woche 2,30 € Taschengeld. Er möchte gern mehr und vergleicht sein Taschengeld mit der Höhe des Taschengeldes seiner Klassenkameraden. Er macht zuerst eine Umfrage. Entscheide, ob er seinen Eltern den Mittelwert oder den Zentralwert angeben soll.

Anzahl	2	4	7	7	6	4
Taschengeld in €	5,00	4,50	3,00	2,00	1,80	1,50

Mittelwert: _____ Zentralwert: _____

Antwort: _____ | 3 |

 18 – 15 Punkte
 14 – 10 Punkte
 9 – 0 Punkte
 Gesamt-punktzahl

Autoren   Fritz Kammermeyer und Roland Zerpies

Bibliografische Information der Deutschen Nationalbibliothek
Die Deutsche Nationalbibliothek verzeichnet diese Publikation in der
Deutschen Nationalbibliografie; detaillierte bibliografische Daten sind
im Internet über http://dnb.dnb.de abrufbar.

1. Auflage
© Duden 2013   L K J
Bibliographisches Institut GmbH ·
Mecklenburgische Straße 53, 14197 Berlin

Redaktionelle Leitung Anika Donner
Redaktion Dr. Matthias Delbrück
Illustrationen Dorina Tessmann
Herstellung Ursula Fürst
Layout Horst Bachmann
Umschlaggestaltung 2issue, München
Umschlagillustration Dorina Tessmann
Satz Satzpunkt Ursula Ewert GmbH, Bayreuth
Druck und Bindung AZ Druck und Datentechnik GmbH,
Heisinger Straße 16, 87437 Kempten
Printed in Germany

ISBN 978-3-411-87142-1

PEFC zertifiziert
Dieses Produkt stammt aus nachhaltig
bewirtschafteten Wäldern und kontrollierten
Quellen.

PEFC
PEFC/04-31-2260   www.pefc.de